누구나!
되는 영어
TNT

누구나! 되는 영어 TNT – 소개편

초판 1쇄 발행 2016년 11월 17일

지은이 윤강희
펴낸이 장길수
펴낸곳 지식과감성#
출판등록 제2012-000081호

디자인 윤혜성
편집 이현, 이다래
교정 이규재
마케팅 고은빛

주소 서울시 금천구 가산동 60-5 갑을그레이트밸리 B동 507호
전화 070-4651-3730~4
팩스 070-4325-7006
이메일 ksbookup@naver.com
홈페이지 www.knsbookup.com

ISBN 979-11-5961-333-3(13740)
값 15,000원

ⓒ 윤강희 2016 Printed in Korea

잘못된 책은 구입하신 곳에서 바꾸어 드립니다.
이 책의 전부 또는 일부 내용을 재사용하려면 사전에 저작권자와 펴낸곳의 동의를 받아야 합니다.

이 도서의 국립중앙도서관 출판예정도서목록(CIP)은 서지정보유통지원시스템
홈페이지(http://seoji.nl.go.kr)와 국가자료공동목록시스템(http://www.nl.go.kr/kolisnet)에서
이용하실 수 있습니다. (CIP제어번호: CIP2016026648)

 홈페이지 바로가기

온라인 강의에서 확인하세요!
www.TNTenglish.com

Get the wings of English!

소개편

누구나!
되는 영어
TNT

"영어의 고통 속에서
당신을 구해줄, 영어의 날개!"

윤강희 지음

지식감정

PART 01

프롤로그

CHAPTER 01 날고 싶으세요?

CHAPTER 02 TNT영어는 다르다!

CHAPTER 03 TNT영어의 특징

CHAPTER 04 이런 분을 위한 영어

CHAPTER 05 TNT영어의 목표

CHAPTER 06 날개를 얻는 길

CHAPTER 01 날고 싶으세요?

당신은 날개가 필요합니다!

CHAPTER 02 TNT영어는 다르다!

지금 이 순간, 독자 여러분이 가장 궁금한 것은 바로, 이 책은 **"기존 영어 책과 뭐가 다른가?"**일 것입니다. 그 궁금증을 해결해드리면서, 이 한 권의 책이 영어로 고통받는 모든 이들에게 바른 길을 안내해 줄 것이라고 확신합니다.

첫째, TNT영어는 모두를 위한 영어입니다. 이 책은 초급자, 중급자, 고급자 모두를 위한 책이고, 잘못 배운 영어로 고통받는 이들을 위한 안내서입니다.

둘째, TNT영어는 읽기/쓰기/듣기/말하기를 모두 잘할 수 있도록 안내합니다. 네 가지를 따로따로 배우시겠습니까? 기본 원리를 이해하고 터득하면, 이 네 가지가 모두 해결됩니다.

셋째, TNT영어는 확실한 방법을 안내합니다. 이 책은 막연한 방법으로 현혹하지 않습니다. 원어민이 모국어를 깨우치는 과정을 체계화, 종합화하여, 한국인에게 적합하게 안내합니다.

넷째, TNT영어는 누구나 됩니다! 초보자이건, 한참 배우고 있는 중급자이건, 많이 배운 고급자이건, 영어에 '한'이 있거나, '울렁증'이 있거나, 유창해 보여도, 늘 가슴이 답답하다면, 그 모든 것을 없애고,

"영어의 날개"를 달게 됩니다.

CHAPTER 03 TNT영어의 특징

TNT영어는

어순을 거꾸로 설명하지 않습니다.

외우기를 강요하지 않습니다.

패턴으로 해결하려 하지 않습니다.

말하기에 앞서, 읽는 방법부터 설명합니다.

훈련에 앞서, 이해할 수 있게 설명합니다.

읽기/쓰기/듣기/말하기를 하나의 방법으로 설명합니다.

끝없이 연결하여 문장을 쓰고, 말할 수 있게 합니다.

확실한 방법과 방향을 제시합니다.

마지막으로,

누구나 됩니다!

(여러분이 한글을 뗐다면,

분명 영어도 뗄 수 있습니다!!!)

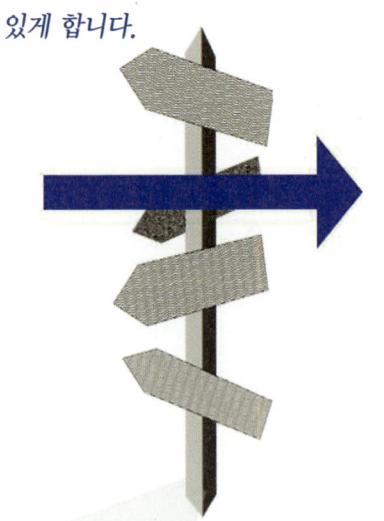

CHAPTER 04　이런 분을 위한 영어

TNT영어는 이런 분을 위한 영어입니다.

　용하다는 약은 다 써 보신 분.

　영어를 공부한 지 10년 이상 된 분.

　영어만 보면 속이 울렁거리는 분.

　영어책을 끼고 살아도, 항상 불안하신 분.

　영어를 잘하는 것 같아도, 하는 말만 하는 분.

　단어를 많이 알아도, 연결이 안 되는 분.

　원하는 긴 문장을 쓰거나, 말하지 못하는 분.

마지막으로,

　영어의 **한**을 풀고자 하는 분.

CHAPTER 05 TNT영어의 목표

순서대로
읽고, 쓰고, 듣고, 말하기

이 책의 목표이자, 여러분의 목표이기를 바랍니다!

CHAPTER 06 날개를 얻는 길

"이해 없이 아무것도 안 된다!"

CONTENTS
이 책의 차례

PART 01
프롤로그

- 날고싶으세요? ········· **006**
- TNT영어는 다르다! ········· **007**
- TNT영어의 특징 ········· **008**
- 이런 분을 위한 영어 ········· **009**
- TNT영어의 목표 ········· **010**
- 날개를 얻는 길 ········· **011**

PART 02
시작

- 읽어 봅시다 ········· **018**
- 누구나 되는 영어? ········· **019**

PART 03
문제점 진단

- 영어를 못하는 이유! ········· **022**
- 한 글자가 모든 것을 망친다 ········· **025**
- 원흉 No. 1 – 직독직해 ········· **028**
- 말하기를 배워도, 말을 못하는 이유! ········· **033**
- 제대로 읽어야, 제대로 말할 수 있다 ········· **037**
- 영어를 망친 3대 주범 ········· **039**

PART 04
해결책을 찾아서

- 탑 쌓기 vs. 피라미드 쌓기 ········· **042**
- 100% 성공하는 방법 ········· **044**
- 언어를 배우는 과정 – TEC ········· **046**
- 언어를 배우는 방법 ········· **048**
- 첫 단추를 잘못 끼웠다! ········· **050**
- 방법을 바꿔라! ········· **051**
- 이런 거 공부하지 마라! ········· **052**

PART 05
영어떼기 해 보자!

- 영어떼기 피라미드 ········· **054**
- TNT영어의 핵심 철학 ········· **055**

PART 06
영어의 이해

- 이해가 선행이다 ········· **058**
- 이해는 표현과 다르다! ········· **060**
- 영어단어의 이해 ········· **064**
- 앞에서 설명, 뒤에서 설명 ········· **068**
- 절대문장 ········· **070**

PART 07
첫 번째 날개, 순독숙해

뭘 거꾸로 하라는 거야? ········· **076**
순독순해 기본 철학 ············· **077**
순독순해 개론 ··················· **080**
원숭이 잡기 ····················· **082**
영어어순 정말 쉽다! ············ **086**
수준별 순독순해 ················ **088**
두 번 설명하기 ·················· **090**
시험 볼 때는 어떻게 하나요? ··· **092**

PART 08
어순 극복하기

단어 실력 테스트 ················ **096**
고통의 근원 – 전치사 ··········· **098**
전치사 다음에 목적격이 오는 이유 ··· **101**
전치사를 인식하는 새로운 방법 ··· **104**
영어단어에 대한 새로운 생각 ··· **109**
전치사를 이해하는 방법 ········ **111**
100만 대군 넘버2 ··············· **113**
100만 대군 행동대장 ··········· **119**

PART 09
두 번째 날개, 10MW

적군에서 아군으로 ·············· **124**
10 Magic Words 테이블 ········ **127**
10분 만에, 영어실력 100배로 확장하기 ·· **128**

PART 10
10MW 정리

Of – 관계 ······················· **132**
To – 화살표, 목표, 행동 ········ **137**
For – 목적 ······················ **138**
At – 포인트, 장소 ··············· **139**
On – 표면, 발생 ················· **141**
In – 안 ·························· **142**
By – 옆, 힘 ····················· **143**
As – 비슷 ······················· **144**
From – 출발 ···················· **145**
With – 함께 ···················· **146**
수준별 10MW ··················· **147**
생각을 표현하는 방법 ·········· **149**
ROS with 10MW ··············· **154**
단어를 몰라도 문장 만들기 ···· **156**

PART 11
숙어유감

숙어, 무작정 외우지 마라! ····· **160**
"look at" 분석 ·················· **162**
"listen to" 분석 ················· **167**
"put on" 분석 ··················· **168**
"by the way" 분석 ·············· **170**
"at/on/in the corner" 분석 ···· **172**
"nibble at/on" 분석 ············ **173**
"dream of" 분석 ················ **174**
"get on/in/off/out" 분석 ······· **179**

PART 12
영어의 이해2

- 조동사, 본동사 전쟁 · · · · · · · · · · · **184**
- 조동사 다음에 'be'가 오는 이유 · · · **187**
- Love love love · · · · · · · · · · · · · · · **189**
- 왜 "S + V + O" 구조인가? · · · · · · · **194**
- 수동태는 "Be + P.P + by"라 굽쇼? · **197**

PART 13
문장구조

- 5형식 풀이 · · · · · · · · · · · · · · · · · · **204**
- 4번째 형식 이해하기 · · · · · · · · · · · **207**
- 5번째 형식 이해하기 · · · · · · · · · · · **210**
- 5형식 하지 마라! · · · · · · · · · · · · · · **215**
- 5형식의 문제점 · · · · · · · · · · · · · · · **218**

PART 14
How to fly in English

- 두 개의 날개 · · · · · · · · · · · · · · · · · **220**
- 5형식, 연결어로 해결하자! · · · · · · · **222**
- 무한 확장 연결어 · · · · · · · · · · · · · · **223**

PART 15
두 단어 훈련

- 생각하는 방법을 바꾸자! · · · · · · · · **230**
- 평서문 훈련 · · · · · · · · · · · · · · · · · · **233**
- 의문문 훈련 · · · · · · · · · · · · · · · · · · **236**
- 영어의 어순 · · · · · · · · · · · · · · · · · · **238**
- 영어를 이해하는 방법 · · · · · · · · · · · **239**
- 영어를 표현하는 방법 · · · · · · · · · · · **240**
- ROS with 연결어 · · · · · · · · · · · · · · **241**
- 이제는, 수준 높이기 · · · · · · · · · · · · **243**
- 반드시 정복해야 한다! · · · · · · · · · · **244**

PART 16
마무리

- 반드시 된다! · · · · · · · · · · · · · · · · · **246**
- TNT영어 핵심정리 · · · · · · · · · · · · · **248**
- TNT영어는? · · · · · · · · · · · · · · · · · · **249**

PART 17
에필로그

- 다시, 읽어 봅시다 · · · · · · · · · · · · · **252**
- 자유를 원하세요? · · · · · · · · · · · · · **253**

PART 02

시작

CHAPTER 01 읽어 봅시다

CHAPTER 02 누구나 되는 영어?

CHAPTER 01 읽어 봅시다

I went to Busan with my wife at 7 in the morning by plane for some of the best movies from Japan at a festival on the beach of Haeundae.

이 책을 덮을 때쯤,

여러분은 위 문장을

원어민처럼 읽고, 이해할 수 있습니다.

CHAPTER 02 누구나 되는 영어?

이 책을 들고 있는 분들은 영어를 배우기 위해 이미 많은 시간과 노력, 비용을 투자해 왔을 것입니다. 하지만 끝끝내 성공하지 못하고 거의 포기 상태에서, 마지막이란 심정으로 이 책을 집어 든 것은 아닌가요?

또는 이 책도 수많은 그렇고 그런 책 중에 하나일 것이라고 생각하면서, 내용이나 훑어보자는 심정으로 손에 펴고 있는 것은 아닌가요?

그도 아니면, **"누구나! 되는 영어"**라는 제목에 이끌려, 혹시나 하는 마음으로 이 책을 들고 있는 것은 아닌가요?

대한민국에는 수많은 영어방법론들이 있고, 한결같이 된다고 주장하지만, 정작 말처럼 되는 것이 얼마나 있었을까요? 그런 것을 알기에, 제목을 이렇게 정하는 것이 매우 조심스러웠지만 이 책을 끝까지 읽어 보시면,

왜 제목이 "누구나! 되는 영어"인지 알게 되실 것입니다.

남녀노소, 영어를 처음 배우건, 많이 배웠건, 그렇게 우리를 괴롭혔던 영어에 대해, 이제 새로운 안목이 생길 것입니다.

"남녀노소, 모두를 위한 영어"
TNT

PART 03

문제점 진단

CHAPTER 01 영어를 못하는 이유!

CHAPTER 02 한 글자가 모든 것을 망친다

CHAPTER 03 원흉 No.1 - 직독직해

CHAPTER 04 말하기를 배워도, 말을 못하는 이유!

CHAPTER 05 제대로 읽어야, 제대로 말할 수 있다

CHAPTER 06 영어를 망친 3대 주범

CHAPTER 01 영어를 못하는 이유!

저에게 교육받으러 오는 수강생들에게 묻습니다.

"왜 영어를 잘 못하나요?"

"그 이유는 뭔가요?" 이 질문에 다양한 답들이 쏟아집니다.

"문법이 어려워서요!"
"독해가 어려워서요!"
"외울 단어가 너무 많아서요!"
"영어가 원래 어려워서요!"
"제가 열심히 안 해서요!"
....

여러분 어느 대답이 제일 많을 거라고 생각하시나요? 바로 마지막 "제가 열심히 안 해서요!"입니다. 이 말을 들으면, 저는 마음이 좀 착잡합니다. 참 착하지 않습니까? 참 순진하지 않습니까? 그러나 이 말들은 정답이 될 수가 없습니다.

영어뿐만이 아니고, 다른 공부도 열심히 하는 사람이 있고, 적당히 하는 사람이 있고, 안 하는 사람이 있습니다. 그렇기 때문에 전체적으로 수준을 상중하로 나누어 보면, 잘하는 사람은 소수, 보통으로 하는 사람 대다수, 못하는 사람이 조금, 이렇게 나와야 정상입니다.

그러나 유독 영어는, 잘하는 사람은 극소수고 나머지 대다수는 못하는 것이 현실입니다.

즉, "영어를 못하는 것은 단순히 노력만의 문제가 아니다"라는 것입니다.

그렇게 많은 시간과 노력을 투자하고도 제대로 된 결과를 얻지 못한다면, 우리가 뭔가를 잘못하고 있는 것은 아닐까요?

우리가 영어를 못하는 진짜 이유가 다른 것에 있는 것은 아닐까요?

"그러면 뭐가 문제인가요?"

"나도 할 만큼 했는데."

"왜 내가 영어를 못하게 되었나요?"

단언하건대 여러분만의 잘못은 아닙니다!

이 책을 읽어 보면, 여러분이 왜 영어를 못하는지 알게 됩니다.

"왜 영어를 못하는지, 이유도 모릅니다."

사실 대한민국에는 너무도 많은 영어방법론들이 있습니다. 저마다 영어를 잘하게 가르친다고 외치고 있지만, 현실적으로 영어를 제대로 하게끔 가르치는 것이 얼마나 될까요? 그렇게 좋은 방법들이 많은데, 왜 대다수의 한국 사람들은 아직도 영어를 못할까요?

한국에서 영어를 정말 잘할 수 있는 방법은 진정 없는 건가요? 그냥 그렇게 가슴속에 한을 가지고 살아야 하나요?

"있습니다!" 필자는 분명 있다고 생각합니다. 그것을 논하기에 앞서, 그동안 왜 우리가 영어를 못했는가를 되짚어 봐야 합니다. 무엇이 문제이기에 안 되는 걸까요?

우리가 문제의 정확한 원인을 찾는다면, 그 해결책이 의외로 간단할 수도 있습니다.

몸이 아픈 원인도 모른 채, 우리는 늘 약만 먹고 있습니다. 계속 이 약, 저 약을 쓰면서 조금 나아진 듯 착각을 하면서 살아갑니다.

여러분 마음 속의 영어 스트레스를 없애주는 약이라면, 그것이 바로 명약입니다. 그러나 그 어떤 약도 영어 스트레스를 없애 주지는 못했습니다.

"병의 근원을 모른 채,
처방만 받았기 때문입니다."

좌절금지

CHAPTER 02 한 글자가 모든 것을 망친다

제목처럼 **"한 단어도 아니고, 한 글자만 잘못 사용해도, 언어는 상당히 이해하기 어려워진다는 것"**을 이 장에서 말씀드리겠습니다.

한국어를 배우는 외국인이 아래와 같이 대답했다고 가정해 봅시다.

   A: "너 어제 뭐했어?"

   B: "나는 서울에 와그 갔다."

   A: "와그 갔다??? 왔다 갔다???"

한글인데 이해가 되시나요? 이것을 바로 이해한다면 여러분은 천재임에 분명합니다. 그러나 외국인이 이렇게 이야기를 한다면, 우리는 너그러운 마음으로 최대한 관용을 베풀어 "아, 서울에 갔구나." 정도를 이해할 수 있을 것입니다. 이제 아래 문장을 보시죠.

   "나는 서울에 그와 갔다."

외국인은 위 문장을 말하고 싶은 것이었습니다. 위 문장에서 단지 한 글자, '와'의 위치가 잘못되었을 뿐이지만 이해할 수 없는 한글이 돼 버린 것입니다.

또 아래처럼 말했다고, 가정해 봅시다.

"나는 서울에 그는 갔다."

위 문장을 보고, 바로 이해가 가시나요? 한글 문장임에도 이해하기가 좀 어렵죠? 단지 한 글자 '와'를 '는'으로 잘못 쓴 것뿐인데, "서울에 내가 간 건지, 그가 간 건지…" 이해하기 상당히 어렵습니다.

이것은 극단적인 예이지만, 단 한 글자의 위치만 잘못되어도 이해하기 상당히 어려운 문장이 되고 만다는 것을 보여주기 위함입니다.

이것은 영어에서도 마찬가지입니다. 앞서의 한글문장을 영어로 바꾸려다, 실수로 잘못 바꾸어 놓은 문장입니다.

I went Seoul to with my friend.

위 문장처럼, 단 하나의 단어 위치가 잘못되어도, 원어민은 이해하기가 상당히 어렵습니다.
또 아래처럼, 단 하나의 단어가 잘못 사용되어도 이해하기는 상당히 어렵습니다.

I went in Seoul with my friends.

이 문장을 바로 이해하는 원어민이 얼마나 될까요? 어려운 단어도 아니고, 문장이 복잡한 것도 아닙니다. 그런데 이해하기는 정말 어렵습니다. 왜 그럴까요?

한글이든 영어든, **모든 언어는 단어 하나 하나의 위치와 정확한 표현이 중요합니다.** 단 하나의 단어 위치가 잘못되어도, 전체적인 의미가 완전히 바뀌거나, 이해하기 어려운 문장이 될 수 있습니다. 또한 문장에서 단 하나의 단어라도 부정확한 표현을 사용하면, 그 순간 이해할 수 없는 문장이 되고 맙니다. 그러므로 언어를 배움에 있어서, **각 언어의 어순과 단어 사용의 정확성은 굉장히 중요합니다.** 그런데 우리의 경우, 한글의 문장을 뒤집어 영어로 이해하는 훈련을 수도 없이 합니다. 이렇게 거꾸로 이해하는 훈련을 하면 할수록, 영어어순을 잘못 표현할 확률이 매우 높아집니다.

영어를 표현할 때, 실수가 많아지고, 엉뚱한 영어가 되는 이유는 영어를 거꾸로 이해하기 때문이고, 이 거꾸로 이해한 것을 또다시 거꾸로 말하기 때문입니다.

필자는 **"생각한 것을 거꾸로 표현하는 것은 거의 불가능하다!"**라고 주장합니다. 거의 불가능한 것을 위해 우리는 열심히 노력하고 있으니, 영어가 안 되는 것이 당연합니다. 어떤 언어라도, 그 언어를 배움에 있어서, 언어가 써 있는 순서대로 이해하고, 표현하려는 노력이, 외국어를 배우는 첫 번째 준비이자, 자세입니다.

"언어는 써 있는 순서대로 이해해야 한다."

CHAPTER 03 원흉 No. 1 – 직독직해

대한민국에 사는 대부분의 사람들은 직독직해라는 말을 들어 봤을 것입니다. 누구나 독해를 할 때, 직독직해를 해야 한다고 생각합니다. 그렇게 해야 영어의 어순에 맞게 영어를 이해할 수 있다고 생각합니다. 지금도 그렇게 알고, 열심히 직독직해 하는 선생님의 방법을 따라 하려고 합니다.

그럼 그렇게 직독직해를 해서, 영어가 잘 되었습니까? 그렇게 훌륭한 방법이라면, 전 국민이 다 아는 방법인데 왜 아직도 우리는 영어를 못하나요? 영어가 어려워서 정말 영어가 안 되는 것일까요?

직독직해를 해도 영어가 안 되는 원인을 말씀 드리겠습니다. 일단 직독직해는 일본에서 만들어진 방법입니다. 1970년대 일본에서 처음 직독직해가 나왔을 때만해도, **일본 국민들**이 정말 **환호**하고 **열광**했던 방법입니다.

"이제 우리에게 직독직해가 있다!
우리도 영어를 잘할 수 있다!!!"

그러나 40년이 넘게 지난 지금, 일본은 어떻습니까? 전 국민이 영어의 고통에서 해방되었나요? 우리보다 영어를 잘하나요? 아마도 그때나 지금이나 별반 차이가 없거나, 더 안 좋아졌을 수도 있습니다.

대다수 국민은 영어를 포기하고, **소수 엘리트 집단만이 영어를 잘하는 사회**가 일본의 현실입니다.

그런데 아직도 한국에서는 직독직해로 가르치고, 배우고, 포기하고, 그중에 살아남은 극소수가 다시 직독직해로 가르치고, 배우고를 반복하고 있습니다. 점점 일본을 닮아 갑니다. 대다수는 포기하고, 극소수만 잘하는 영어로……

이러한 현실이 말해 주듯이, 직독직해는 별 소용이 없는 방법이며, 더 나아가 우리가 **영어를 못하게 만들고 있는 원흉 1번**인 이유를 말씀 드리겠습니다. 다음 영어 해석을 보시죠.

He goes / to Seoul.   그는 간다 / 서울에

He goes / on Saturday.   그는 간다 / 토요일에

He goes / in the afternoon.   그는 간다 / 오후에

He goes / at 2 o'clock.   그는 간다 / 2시에

위 문장들에서 어떤 경우에 '~에'로 해석되는지 알 수가 없고, 일관성 있는 해석 원칙이 없어서, 상황에 맞게 마구 바꾸어 해석하고 있습니다. 그러므로 머릿속에서 '~에'가 생각나는 경우, 어떤 단어로 표현해야 하는지 알 수가 없습니다.

He held / the door / of the car.

그는 잡았다 / 문 / 차의

I'm proud of / you.

나는 너의 자랑스럽다. (???)

위 문장은 직독직해로 해석된 한글을 봐도 이해하기가 상당히 힘듭니다. 마지막 문장에서도 'of'를 전혀 느낄 수가 없고, 숙어로 외워야 합니다. 단지 숙어로 묶어서 "be proud of" 를 "~을 자랑스러워 한다."로 외우게 하고, 그것에 맞추어 해석을 하기 때문입니다.

The desk is made of wood.

책상은 만들어진다 / 나무의 (???)

책상은 나무를 만들어진다. (???)

책상은 나무로 만들어진다.

앞에서 "be proud of"를 "~을 자랑스러워 한다"로 이해했으므로, 같은 형태인 위의 문장도 그렇게 이해하면, 위의 두 번째 해석처럼 엉뚱한 해석이 됩니다. 그래서 인위적으로 세 번째 해석처럼 해야만 의미가 통하게 됩니다. 그러나 그렇게 해석하면 이번에는 'of'를 '~로' 해석해야만 합니다.

여러분, **"be proud of"**와 **"be made of"**가 다른 형태로 보이시나요?

아래 문장은 아주 단순한 문장이지만 직독직해로는 이해할 수가 없습니다.

Of the people, I love a man.
"그 사람들의 / 나는 / 사랑한다 / 한 남자를" (???)

"그 사람들의 나는 사랑한다"(???) 도대체 이게 뭔 말일까요? 모르는 단어가 없음에도 참으로 이해하기 쉽지 않습니다. 그래서 직독직해로는 아래처럼 해석합니다.

그 사람들 중에서, 나는 사랑한다, 한 남자를

이번에는 'of'가 '중에서'로 바뀌어 해석되고 있습니다. ^^;

이렇듯 경우에 따라서, 상황에 따라서, 마구 바꾸어서 이해해야 하는 것이 '직독직해'입니다. 그 원리와 규칙을 정확히 터득하기 위해, 수년, 수십 년, 아니 평생이 걸려도 못할 수도 있습니다.

This photo is *of* the palace *of* Versailles.

이 사진은 베르사유의 궁전의 이다. (???)

〈 직독직해의 문제점 〉

- 전치사를 조사처럼 해석해서, 어순을 뒤집게 만든다.

- 일관성이 없이, 한글 문법에 맞게 해석을 마구 변경한다.

- 직독직해로 설명이 불가능한 문장이 있다.

- 긴 문장을 해석할 때, 더 혼란스럽다.

- 한글문법에 맞게 영어단어 의미를 생략, 왜곡, 추가한다.

- 거꾸로 이해하고, 거꾸로 표현하게 가르친다.

- 듣기, 말하기에는 사용할 수 없고, 오히려 방해가 된다.

- 직독직해로 영어 잘하기 매우 어렵다!!!

"아직도 직독직해를 믿으세요?"

CHAPTER 04 말하기를 배워도, 말을 못하는 이유!

"영어로 말 좀 해 봤으면 소원이 없겠네!" 그래서 학원에 가고, 온라인 강좌를 들으면서 열심히 따라 합니다. 조금 되는 것 같지만, 하면 할수록 자꾸 잊어버리고 헷갈리고, 말하기가 정말 안 됩니다. 그렇게 몇 달 하다 포기하고 또 몇 달 하다 포기합니다. 그렇게 평생을 영어의 굴레에서 벗어나지 못합니다.

**왜 열심히 따라 해도, 말하기가 안 되는지,
그리고 왜 말하기로 말하기를 배울 수 없는지 알아봅시다.**

언어는 기본적으로 읽기, 쓰기, 듣기, 말하기 네 가지 영역으로 구성되어 있습니다. 그러면 언어를 배울 때, 어느 영역부터 하는 것이 좋을까요? 모국어의 경우는 당연히 듣기부터 해야 합니다.

듣기 => 말하기 => 읽기 => 쓰기

외국어의 경우는 좀 다릅니다. 보통은 읽기부터 배우게 되죠.

읽기 => 쓰기 => 듣기 / 말하기

일단 중요한 포인트는 어떤 언어든 간에 듣기나 읽기로 언어를 배운다는 것입니다.

우리가 말이나 글로써 언어를 표현하기 위해서는, 듣기나 읽기를 통해 머릿속으로 들어온, **수많은 언어자원이 이해가 되면서, 체계가 잡힌 이후에, 쓰**

기나 말하기로 표현이 가능하게 되는 것입니다. 그래야 본인이 한 번도 표현해 보지 않은 것도 표현할 수가 있는 응용력과 창조력이 생기게 되는 것입니다.

그러나 회화학원에 가서 우리는 말하기를 배웁니다. 열심히 말하기를 배우지만, 말하기가 잘 안 됩니다. 일 년 내내 몇몇 패턴을 배우고, 그것을 응용하여 말하기를 하려고 합니다. 그렇게 열심히 하더라도, 정작 원어민 앞에서는 말이 잘 안 됩니다.

말하기를 기반으로 말하기를 배우면, 우리에게 입력되는 영어자원 자체가 상당히 빈약합니다. 뿐만 아니라 암기를 기반으로 한 것이므로 쉽게 잊어버리는 단점이 있습니다.

그래서 소량의 영어자원이 머릿속에 들어오고, 극소량의 영어자원만 남게 되어, 정작 말을 할 때, 표현의 한계를 느끼고, 말하기가 안 되는 것입니다.

일년 내내 패턴을 배워도 300개를 배우기 어렵습니다. 그리고 이렇게 배운다 하더라도, 대부분 잊어버리고, 응용해서 상황에 맞게 표현하기가 어렵습니다. 그래서 강박관념이 생깁니다. 배운 것을 잊지 않기 위해서 부단히 노력을 하지만, 그럴수록 스트레스만 쌓여 갑니다.

이러한 패턴 배우기, 표현 배우기는 머릿속에 이미 영어라는 언어의 체계가 잡힌 후에 배워야 하는 것입니다.

더 중요한 것은, 말하기를 기반으로 하는 말하기 훈련은, 강사가 말하는 한글문장을 듣고, 영어 문장으로 옮기는 훈련을 하기 때문에, **필연적으로, 무의식적으로, 영어를 거꾸로 이해하고, 또, 이해한 것을 거꾸로 표현하는 버릇을 가지게 됩니다.**

그래서 생각한 것을 바로 표현하지 못하고, 다시 영어의 어순으로 뒤집어 표현하려 하기 때문에, 말하기가 굉장히 힘들고, 자연스럽게 나오지 않고, 잘못된 표현을 하기 쉽게 되는 것입니다.

또한 열심히 강사를 따라 앵무새처럼 반복한다고 해서, 실제 상황에 맞게 적절히 배운 것을 응용해서 표현할 수 있는 힘이 생기는 것이 아닙니다.

따라 하는 훈련 보다는 간단한 문장이라도, 스스로 만들어 낼 수 있는 힘이 있어야 합니다.

이렇게 따라 하는 훈련은 스스로에게 열심히 한 것 같은 착각과 만족감을 줄 수는 있을지언정, 스스로 단어를 조합해서 영어를 표현하는 힘은 쉽게 기르지 못합니다.

결론적으로 말하기 훈련을 통한 영어 말하기는 그 자체로 한계와 문제점을 가지고 있기 때문에, 영어로 읽기/쓰기를 자연스럽게 하지 못하는 상황에서, 말하기를 배운다는 것은 거의 무의미하다고 할 수 있습니다. 그러므로 지금 말하기를 배우고 싶어도, 먼저 읽기를 배워야 하는 것입니다. 말하기보다 훨씬 쉬운

"읽기/쓰기로 영어를 깨우치고, 체계를 잡은 다음, 말하기 훈련을 해야 하는 것입니다."

〈 말하기로 영어를 배우는 과정 〉

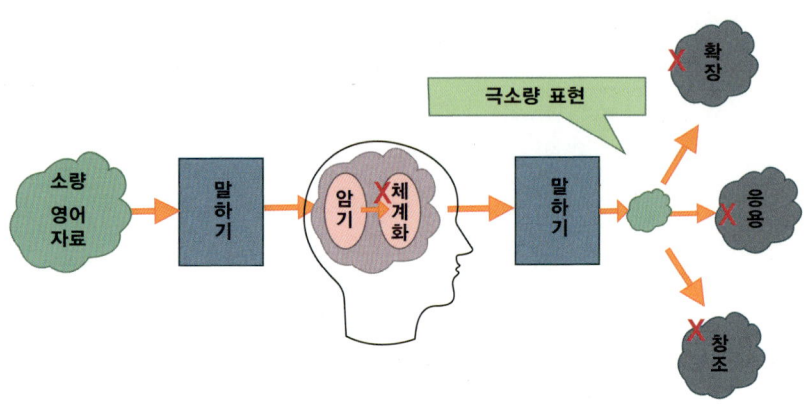

소량의 영어 자료 입력된다.

암기를 기반으로 체계화가 안 된다.

대부분 자료를 망각한다.

극소량만이 표현 가능하다.

확장, 응용, 창조가 어렵다.

그래서 원어민을 만나면 단어만 말하다 끝난다!

CHAPTER 05 제대로 읽어야, 제대로 말할 수 있다

그런데 돌아보면, 그동안 우리는 수없이 많은 읽기를 통해, 영어를 배워왔고, 배우고 있습니다. 그런데 왜 말하기가 안 될까요? 필자의 주장이 뭔가 앞뒤가 안 맞는 것 같은데요?

읽기에도 크게 두 가지가 있습니다. 하나는 **직독직해를 기반으로 하는 읽기**와 **무조건 원서 읽기**가 있습니다.

첫 번째, **직독직해를 통한 읽기는 말하기를 전제로 한 읽기가 아닙니다.** 오직 뜻을 파악하고, 답을 찾기 위한 읽기일 뿐입니다. 여러분은 아마도 독해를 할 때, 처음에는 직독직해로 하다가, 잘 안되면, 문장의 끝부터 거꾸로 읽어서 의미를 파악하려고 했던 기억이 있을 것입니다. 이는 직독직해로 어순 극복이 안되기 때문에 그런 현상이 발생하는 것입니다.

두 번째, 영어문장을 순서대로 쭉~ 읽어 나가는 **무조건 읽기 방법이 있습니다.** 직독직해 방법이 어순문제를 야기하므로, 이를 피하고 어순을 극복하려는 의도에서 요즘 많이 사용하는 방법입니다. 그러나 무조건 읽기 방법은 '직독직해'와 같은 어순 문제는 일으키지는 않지만, 이것도 예상치 못한 심각한 문제를 발생시킵니다. 바로 **"정확성이 상당히 떨어진다는 것입니다."**

많이 읽으면 언젠가는 정확성이 높아질 것이라고 생각하지만, 그것은 단기간에 성취할 수 있는 문제가 아니고, 상당한 시간과 인내가 요구되는 방법입니다.

그러므로 이런 읽기를 하는 사람에게, 누군가는 단어 하나하나에 대한 정확한 뉘앙스를 짚어서 설명해 주고, 이해시켜 주어야 하는데, 그럴 수 있는 사람이 없기에 혼자만의 상상 속에서 읽기를 계속하게 됩니다. 그러다 보면, **추측능력은 높아지지만 그와는 반대로 정확도는 상당히 떨어져, 쓰기나 말하기에 문제를 발생시키게 됩니다.**

영어의 체계가 어느 정도 갖추어진 상태에서의 원서 읽기는 상당히 좋은 방법이고, 추천할 만한 방법입니다. 그러나 영어의 체계가 정립되지 않은 상태에서, 무조건 읽기를 통해서 거꾸로 영어의 체계를 잡으려고 하는 것은 생각만큼 쉬운 방법이 아닙니다.

종합해 보면 직독직해는 정확성은 좀 있지만, 어순을 극복하지 못하고, 무조건 원서읽기는 어순문제는 발생하지 않지만, 정확한 이해는 결여되는 방법입니다.

이렇게 '**어순**'과 '**이해**' 중에서 한 가지라도 결여된 영어 배우기는 절름발이가 되어, 정상적인 표현을 불가능하게 만듭니다. 그러므로 영어를 배우고자 한다면, 두 가지를 확실하게 잡아야 합니다.

"영어의 어순" + "정확한 이해"

CHAPTER 06 영어를 망친 3대 주범

어순을 뒤집는 **직독직해**

알 필요 없는 어려운 **문법**

암기를 요구하는 **패턴**

지금 이런 것들을 공부하고 있다면,

다시 생각해 보세요.

누구나 다 저런 것들로 영어를 배우지만,

영어를 잘하는 사람이 거의 없죠?

PART 04

해결책을 찾아서

CHAPTER 01 탑 쌓기 vs. 피라미드 쌓기

CHAPTER 02 100% 성공하는 방법

CHAPTER 03 언어를 배우는 과정 – TEC

CHAPTER 04 언어를 배우는 방법

CHAPTER 05 첫 단추를 잘못 끼웠다!

CHAPTER 06 방법을 바꿔라!

CHAPTER 07 이런 거 공부하지 마라.

CHAPTER 01　탑 쌓기 vs. 피라미드 쌓기

'**탑**'을 쌓을 것인가, '**피라미드**'를 쌓을 것인가? 외국어 공부는 블록 쌓기와 같습니다. 블록을 높이 쌓고 싶으면 어떻게 해야 할까요? 피라미드처럼 아래를 튼튼하게 쌓아야 할까요? 아니면 길고 높은 탑처럼 쌓아야 할까요? 길고 높은 탑은 빨리 쌓을 수는 있지만, 반드시 무너지게 되어 있습니다. 그러므로 두말할 것도 없이 높게 쌓으려면 아래 부분을 튼튼하게 쌓아야 할 것입니다.

그러나 우리의 현실은 어떤가요? 아래(Foundation)를 튼튼하게 쌓지 않고, 계속 위(Level up)로만 쌓고 있지는 않은지요? 그래서 쌓다 보면 무너지고, 쌓다 보면 무너지는 과정을 수없이 반복하고 있는 것은 아닐까요? 정말 쓰러지지 않게 튼튼하게 쌓으려면 당연히 탑 쌓기로는 안 될 것입니다.

그럼에도 탑 쌓기를 통해 수없이 쌓고, 무너지는 과정을 반복하다 보면 자신도 모르게 돌무더기 같은 엉성한 피라미드가 됩니다. 이런 형태의 피라미드를 쌓게 되면, 영어를 잘하기는 하지만, 어떻게 잘하게 되었는지는 대부분 모르게 됩니다. 엄청난 시간과 노력을 투자해서, 열심히 하였고, 포기하지 않은 결과입니다. 끝은 모르지만 언젠가는 되겠지 라는 생각으로 열심히 한 결과입니다.

그러나 대부분은 이런 돌무더기를 쌓기 전에 영어를 포기하게 됩니다!!!

우리는 알게 모르게 지금까지 그렇게 해 오고 있습니다. 계속 시도하고, 좌절하고, 다시 시도하고를 반복해 왔던 겁니다. 그럼 영어를 잘하고 싶은 사람은 어떻게 해야 할까요? 될 때까지 계속 해야 하나요?

이제는 영어의 바닥을 튼튼하게 만드는 **'파운데이션'**(Foundation)을 구축하셔야 합니다. 그리고 나서 그 위에 **'레벨업'**(Level-up)과정으로 쭉쭉 수준을 올려야 합니다. 그것만이 영어를 제대로 배우고, 고통에서 벗어나는 길입니다.

이렇듯 우리는 참으로 문제가 많은 영어환경 속에서 악전고투하고 있습니다. 이런 것을 정확히 인지하고, 제대로 된 처방을 위해서 냉정하게 현실을 돌아봤습니다.

"이제, 영어의 피라미드를 쌓아야 할 때"

CHAPTER 02 100% 성공하는 방법

원어민은 왜 영어를 잘하는 걸까요? 당연한 거 아닙니까? 우리가 한국어를 잘 하는 것처럼, 원어민은 영어를 잘하는 것이 당연하지요. 그러면 우리도 영어를 잘하고 싶은데, 어떻게 하면 되나요? 혹시, 원어민이 영어를 배우는 방식을 잘 따라 하면, 우리도 잘할 수 있지 않을까요?

네, 그것이 바로 TNT영어의 기본 철학이자, 영어를 배울 때, 한국 사람만 모르고 있는 **"최고의 방법"**이기도 합니다.

어떤 언어든 인간의 머리는 그에 적응하게 되어 있습니다. 그렇게 모국어의 시스템이 구축됨으로써 **단어의 개념, 어순의 정립, 문법적 이해가 이루어져서 언어의 체계화**가 잡히는 것입니다.

그래서 따로 암기를 하지 않더라도, 자연스러운 어순과 문법을 구현할 수 있고, 잘못된 구조의 문장을 접했을 때는 어색한 느낌이 들게 되는 것입니다. 이것이 바로 자연스런 **"모국어의 체득"**이라고 할 수 있습니다.

그동안 우리는 영어를 배울 때 원어민이 구축하는 모국어 습득 과정에는 별 관심이 없었습니다. 단지 문법과 암기로 모든 것을 해결하려고 했던 것입니다. 그러니 자연스러운 이해가 되지 않는 것입니다. 그래서 또다시 암기를 할 수밖에 없고, 사용하지 않으면 또, 잊어버리고, 다시 암기하기를 반복하는 것입니다.

원래 원어민의 영어문법이, 흘러 흘러 옆집으로 갔고, 다시, 우리 집에 온 것이기에, 진정 우리 것도 아닙니다. 근본적으로 원어민의 영어문법책이라는 것은 그 대상을 원어민으로 하고, 성인을 대상으로 한 것이며, 문법학자들이 언어적 분석을 위해 정리해 놓은 것입니다.

당연히 일반인과는 상당한 거리가 있고, 영어를 배우는 외국인을 위한 문법책도 아닙니다. 그러한 문법책을 옆집에서 쓴다고, 가져다 영어의 길이라 생각하고 따랐던 것입니다.

그 옆집, 요즘 영어 때문에 난리입니다. 어찌 보면 우리보다 더 심각합니다.

필자가 문법 무용론을 주장하는 바는 결코 아닙니다. 꼭 필요한 부분만 배우자는 것입니다. **문법보다 더 중요한 것은 자연스런 언어의 이해와 정확한 어순입니다.** 어순이 무너지면 그 순간부터 영어는 영어로 들리지 않고, 이상한 말이 되고 마는 것입니다.

그러므로 어순을 제대로 구축하기 위해서는 원어민의 모국어 구축과정을 잘 보고, 따라 하려고 노력해야 하는 것입니다.

"잘 보고 따라 하면, 길이 보인다."

CHAPTER 03 언어를 배우는 과정 – TEC

 아이가 태어납니다. 한국어든, 영어든, 중국어든, 모국어를 배우기 시작합니다. 아이는 단어 하나를 듣고, 말하기를 흉내 냅니다. 하지만 제대로 할 수가 없습니다. 그래서 옆에서 지켜보는 부모, 형제들이 제대로 말할 때까지 반복해서 발음을 들려주고, 제대로 할 수 있도록 훈련시킵니다. 단어 하나를 제대로 말할 때까지 수백, 수천 번을 그렇게 훈련합니다.

이렇게 **시도**하고 **실수**하고, **수정**을 반복하는 과정이 **TEC**(Try – Error – Correct) 과정입니다.

이렇게 하나의 단어가 완성되면, 다음에는 단어 두 개를 붙이는 연습을 합니다. 이 또한 수백, 수천 번을 반복합니다. 이러는 과정에서 단어의 정확한 개념이 자리 잡고, 두 단어 간의 어순이 자연스럽게 이해되고, 정리가 되어 체계가 잡힙니다. 그리고 점차 조합하는 단어 수가 늘어납니다. 이러한 과정, 즉, 태어나서 5세 혹은 6세까지 모국어의 기초를 배우는 시기가 바로

"모국어 파운데이션"(Foundation) 구축시기입니다. 본서에서는 원어민이 태어나서 약 5~6년 동안 TEC과정을 거치면서, 영어의 기초를 구축하는 것을 **'영어떼기'**로 표현합니다.

한글의 경우도, 이 시기에 정확한 개념이 잡히고, 한글 어순뿐 아니라 문법의 규칙도 어느 정도 형성이 끝나게 됩니다. **이것이 완성되면 우리는 한글을 뗐다고 합니다.** 우리가 모국어인 한글을 떼듯이, 영어도 이러한 과정이 필요한 것입니다.

결국, 모든 언어는 이 파운데이션(Foundation) 구축과정이 필요하고, 이 과정 없이는 제대로 된 언어를 배우는 것이 거의 불가능한 것입니다. 그래서

성인이 되어, 영어를 배우게 되면,
이 **"영어떼기 과정"**이 없기 때문에, 제대로 된 영어를 하기가 상당히 어려운 것입니다.

외국어를 배우려면 그 언어에 해당하는 **외국어 파운데이션**(Foundation) 구축과정을 제대로 이해하고, 그에 맞게 훈련을 해야 하는 것입니다.

이것이 바로 **"TNT영어의 핵심"**이기도 합니다.

다시 한 번 강조하지만 영어떼기 과정을 무시하고, 공부를 하게 되면, 계속해서 영어 습득에 실패할 수밖에 없고, 영어의 굴레에서 벗어날 수가 없습니다.

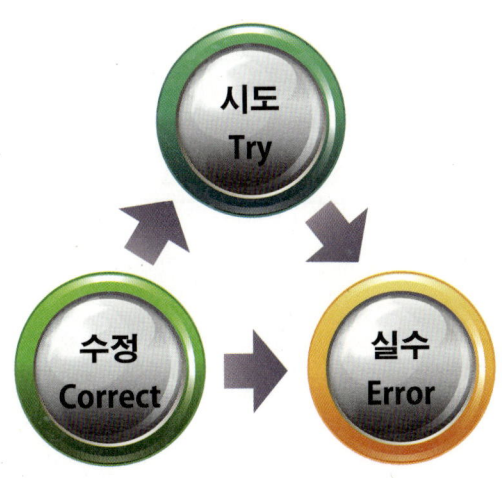

CHAPTER 04 언어를 배우는 방법

모든 언어는 두 가지 방식 중에 하나로 배워야 합니다.

하나는 모국어를 배우듯이 듣기를 이용한 방법이고, 나머지 하나는 **읽기를 이용한 방법입니다.**

특히 읽기는 외국어를 배울 때 사용해야 하는 방법입니다. 읽기를 제대로 못하면서 쓰기, 말하기를 배운다는 것은 거의 불가능합니다.

그 이유는 읽기/듣기는 언어를 받아들이는 입력의 과정이고, 쓰기/말하기는 언어를 표현하는 출력의 과정이므로, 당연히 입력이 잘 돼야, 출력이 잘 되기 때문입니다. 또한 쓰기/말하기에 비해서, 읽기가 상대적으로 매우 쉽다는 것도 그 이유입니다. 그러므로

언어를 듣기로 배울 수 없는 경우,

반드시 "제대로 된 읽기"로 언어를 배워야 합니다.

읽기를 잘하게 되면, 쓰기/말하기도 한결 쉽게 배울 수 있습니다.

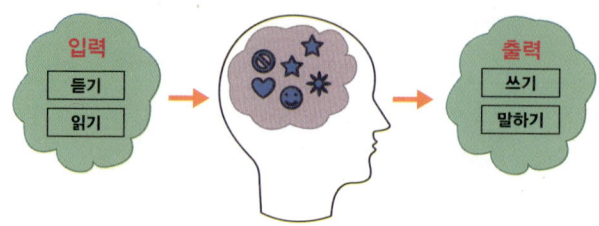

〈 듣기/읽기로 언어를 배우는 과정 〉

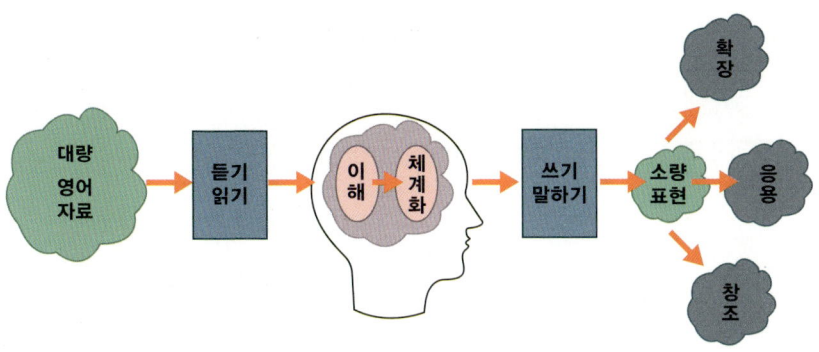

듣기/읽기를 통해 다양하고 많은 언어 자료가 들어온다.

이해를 통해 체계화가 된다.

조합하는 능력이 생긴다.

정확한 표현이 가능해진다.

확장, 응용, 창조가 가능해진다.

우리가 언어를 배울 때, "이해를 통한 언어의 체계화를 구축하느냐 못하느냐"가 "언어를 제대로 구사할 수 있느냐, 없느냐"를 결정짓는 키포인트입니다.

"체계화 구축과정 = 영어떼기 과정"

CHAPTER 05 첫 단추를 잘못 끼웠다!

우리는 멋쟁이가 되고 싶었습니다. 그래서 옷 입는 법을 열심히 배우고, 옷을 잘 입으려고 노력했습니다. 그러나 옷을 입으면 입을수록, 뭔가 어색하고, 답답함을 느낍니다. 항상 불안하고, 스트레스가 쌓입니다.

"첫 단추를 잘못 끼운 대가는 혹독합니다."

아무리 옷을 잘 입고 싶어도, 그럴 수가 없습니다. 이제는 머리가 지끈지끈 거립니다. 거울만 보면 가슴이 울렁거리고, 사람들 앞에만 서면 머릿속이 하얗게 변합니다. 그래서 옷을 잘 입을 수 있는 방법을 찾고 또 찾습니다. 어색한 차림새를 감추려고, 춤추고 노래해 보지만, 잠깐의 위안만 줄 뿐, 돌아서면 다시 엉망입니다. 어떤 사람은 무조건 자신을 따라 입으라고 말합니다. 또 어떤 사람은 이것저것 치장을 하라고 합니다.

점점 거의 모두가 '옷 잘 입기'를 '포기'하고 있습니다. 이제 우리는 멋있게 옷을 입을 수 없는 신체구조를 가지고 있다고 말합니다. 아무리 노력해도 멋쟁이가 될 수 없다고 생각합니다. 이제 옷을 잘 입는 사람이 이상하게 보입니다. 이런 경우, 우리는 무엇을 해야 하나요?

우리가 해야 할 일은 이것저것 치장을 하는 것도, 누군가의 차림을 따라 하는 것도 아닙니다. 단지 우리가 해야 할 일은

"용기를 내어
첫 단추를 다시 끼우는 것입니다."

CHAPTER 06 방법을 바꿔라!

세상을 살다 보면, 참 많은 문제에 부딪히게 됩니다. 해결하고 극복하고, 또 다시 문제에 봉착하기를 반복하면서 살아가는 것이 인생인듯합니다.

그런데도 살다 보면, 일하다 보면, 해결이 정말 안 되는 문제들이 종종 있습니다. 아무리 해도 안될 때, 더 이상 아무런 방법이 없다고 느낄 때, 그럴 때마다 생각나는 말이 있습니다.

"안 되면 뒤집어라!"

위 말처럼, 저 같은 경우 마지막으로 써먹는 방법이 바로 **"거꾸로 생각하기, 뒤집어 생각하기"**입니다.

많은 경우에, 그토록 해결이 안 되던 것이 "거꾸로 생각하기"를 함으로써 해결되는 경우가 많았습니다.

여러분도 살다가 어려운 문제에 부딪치면, 거꾸로 생각해 보세요~, 뒤집어 생각해 보세요~

"영어 정말 안 되죠? 어렵죠? 거꾸로 해 보셨어요?"

PART 04 해결책을 찾아서

CHAPTER 07 이런 거 공부하지 마라!

영어를 잘하고 싶어하는 사람들에게 추천하는 여러 가지 방법들이 있습니다.

영화, 팝송, 영자신문으로 공부하기.

무조건 읽기, 따라 말하기.

발음 고치기, 문법 공부하기.

빨리 말하기, 유창하게 말하기.

패턴, 표현 암기하기.

그러나 이런 것들은 **지금은 절대로 관심 두지 마시기 바랍니다.** 할 필요가 없습니다. 용하다는 수많은 방법이 있지만, 모두 접어 두시기 바랍니다.

이러한 방법들은 **"수준**을 높이는 **방법"**들이므로, 지금 여러분께 필요한 것이 아닙니다. 이러한 것들은 나중에 하셔도 충분합니다.

지금 당장, 여러분께 필요한 것은 영어의 체계화를 구축하는,

'영어떼기'입니다.

PART 05

영어떼기 해 보자!

CHAPTER 01 영어떼기 피라미드

CHAPTER 02 TNT영어의 핵심 철학

CHAPTER 01 영어떼기 피라미드

모국어를 떼는 것처럼 **영어떼기**가 이루어지지 않으면, 아무리 열심히 해도, 영어를 잘하기 쉽지 않습니다. 지금부터 소개할 영어떼기를 하기 위해서는, 아래 그림과 같은 과정을 순서대로 밟아 가면서 단계별로 이해하고, 훈련해야 합니다. 그것만이 무너지지 않는 영어의 피라미드를 쌓는 방법입니다.

CHAPTER 02 TNT영어의 핵심 철학

다음은 절대로 양보할 수 없고, 타협이 안 되는 핵심사항이고, 지난 수십 년 동안, 이것을 극복하지 못했기 때문에, 영어가 아직도 어렵고 힘든 것입니다.

"영어는 반드시

좌에서 우로 이해한다."

예외가 없습니다. 절대로, 한 단어라도, 거꾸로 이해하면 안 됩니다. 무슨 수를 써서라도, 좌에서 우로 이해하며 읽어야 합니다. 그래야 좌에서 우로 쓸 수 있고, 좌에서 우로 말할 수 있습니다.

영어는 좌에서 우로 써 있으므로, 반드시 좌에서 우로 이해해야 합니다.

"좌에서 우로 이해하는 척하지 말아야 합니다."

원어민은 어떠한 경우라도 좌에서 우로 이해합니다. 우리도 원어민처럼 좌에서 우로 이해하려고 노력해야 합니다. 아무리 긴 문장도, 아무리 복잡한 문장도 앞에서부터 끝까지, 좌에서 우로 이해해 나가야 합니다.

PART 06

영어의 이해

CHAPTER 01 이해가 선행이다

CHAPTER 02 이해는 표현과 다르다!

CHAPTER 03 영어단어의 이해

CHAPTER 04 앞에서 설명, 뒤에서 설명

CHAPTER 05 절대문장

CHAPTER 01 이해가 선행이다

영어를 공부할 때, "암기하지 맙시다!"라고 얘기하면, "무슨 말도 안 되는 소리인가?"라고 생각하실 것입니다. 정말, 암기로 모든 것을 해결할 수 있다고 생각하시나요? TNT영어는 그렇게 생각하지 않습니다. 암기 무용론을 주장하는 것이 아니고, **암기에 앞서, 영어를 이해하는 노력이 필요하다**는 것을 말하는 것입니다.

"성인이 되면 영어가 잘 안 된다."라는 말이 있습니다.

그러나 왜 그럴까요? 그것은 학생에 비해 성인의 암기력이 떨어지기 때문입니다. 그러니 암기를 기반으로 하는 영어는 나이를 먹을수록 당연히 배우기 어려워지는 것입니다.

그러나 **성인**이 되면서, 암기력이 떨어지는 것은 사실이지만, 그에 반해, **이해력은 높아집니다**. 그러므로, 무작정 외우는 영어보다는 **이해를 바탕으로 하는 영어를 배워야 하는 것입니다.**

물론 학생들도 이해를 바탕으로 하는 영어를 배우면, 무조건 암기했을 때보다, 훨씬 수월하고, 오래 기억할 수 있는 것은 두말할 필요도 없는 것입니다.

그러므로 영어를 암기하기 전에, 영어를 이해하려고 노력해 봅시다.

그동안 영어를 이해하려는 노력을 얼마나 하셨나요?

이해가 암기보다 선행되어야 합니다. 이해가 훈련보다 선행되어야 합니다. 그래야 **1/10, 1/100의 노력**만으로도 더 좋은 결과를 가져올 수 있습니다.

그렇다면 무엇을 이해해야 할까요? **'이해'**라고 하면, 어려운 문법이 먼저 생각이 날 텐데, 우리가 영어에서 최우선적으로 이해해야 할 것은 문법이 아니고, 바로 **'어순'**입니다.

영어의 어순을 잘 이해하면, 그만큼 잘 받아들일 수 있고, 잘 받아들이면 잘 쓰고, 잘 말할 수 있게 되는 것입니다.

특히, **영어는 한글과는 다르게 어순이 상당히 중요합니다.** 어순을 조금만 바꾸어도 의미전달이 안 되거나, 잘못된 문장이 되고 맙니다. 그러므로 우리가 영어를 표현(쓰고/말하기)할 때, 대충 외운 것을 덩어리로 붙여서 표현하려 하지 말고, 하나하나의 단어를 정확히 알고, **조합해서 표현**하려고 노력해야 합니다.

정확한 어순을 기반으로, 단어 하나하나를 정확히 연결하여 표현하는 공부를 해야 하는데, 그런 훈련이 없었기에, 늘 틀릴 것을 걱정하고, 자연스럽게 말을 못하고, 답답하고 울렁증이 생기는 것입니다.

"제대로 읽지 못하면서, 어떻게 제대로 쓰고, 말할 수 있겠습니까?"

CHAPTER 02 이해는 표현과 다르다!

영어를 배울 때 가장 명심해야 하는 것이 바로 이것입니다.

"이해는 표현과 다르다!!!"

우리가 쓰기/말하기로 생각을 표현할 때는, 반드시 문법의 규칙에 따라서 표현해야 합니다. 표현은 타인을 위한 작업이므로, 타인에게 나의 의도를 정확히 이해시키기 위해서는, 정확한 문법의 규칙 내에서 표현해야 합니다.

그러나 읽기/듣기를 통해 무언가를 이해하는 경우, 비록 우리의 눈이나 귀로 들어오는 정보가 정확한 문법에 맞추어진 것일지라도, 이것을 우리의 머리로 이해하는 시점에는, 굳이 **"한글 문법에 맞게 바꾸어 이해할 필요는 없다."** 는 것입니다.

예를 들어 아래 문장을 보겠습니다.

He loves her.

이 문장에는 상당히 많은 문법 규칙이 포함되어 있습니다.

주어는 주격을 쓴다.

목적어는 목적격을 쓴다.

3인칭 단수 현재이므로 동사에 's'를 붙인다.

주어 다음에는 동사가 온다.

동사 다음에는 목적어가 온다.

첫 글자는 대문자를 쓴다.

이 영어문장을 한글에 맞춰 해석할 때, 필요한 한글문법은 다음과 같은 것이 있을 수 있습니다.

주어는 "~은, ~는, ~이, ~가"를 붙인다.

주어 다음에 목적어를 바로 해석한다.

목적어를 해석할 때는 "~을, ~를"을 붙인다.

목적어는 동사 다음에 오는 명사이다.

동사가 현재형이면 '~한다'로 해석한다.

이러한 문법규칙을 기반으로, 영어문장을 한글문법에 맞게 바꾸어서, 아래처럼 해석해서 이해합니다.

He loves her.

"그는 그녀를 사랑한다."

"그는 / 사랑한다 / 그녀를."

왜 이럴까요? 왜 영어문장을 한글 문법에 맞추어진 문장으로 바꾸어서 이해할까요? 이렇게 영어문장을 한글문법에 맞추어 번역해서 가르치면, 배우는 학생들이 쉽게 이해할 수 있고, 가르치는 사람도 정확한 한글로 표현하기 때문에 그만큼 쉽게 가르칠 수 있기 때문입니다.

그러나 이 방법은 결정적으로,

"어순을 거꾸로 이해하게,

무의식적으로 주입한다."는 것을 간과하고 있습니다.

TNT영어는 그렇게 할 필요가 없다고 주장합니다.

아래 해석들은 한글문법에는 좀 이상할지라도, 영어문장을 어순에 맞게 정확히 이해할 수 있으므로, 아무 문제가 되지 않습니다.

He loves her.

"그, 사랑한다, 그녀."

"그가 사랑하는 것은 그녀다."

"그는 사랑한다 + 사랑하는 사람이 그녀다."

이것은 듣기의 경우도 마찬가지입니다. 빨리 지나가는 말을 들은 후에, 한글문법에 맞추어 뒤집어서 이해할 수는 없습니다. 소리를 들으면서 순간순간 내용을 파악하고 따라가면서, 전체적인 내용을 이해하면 되는 것입니다.

그런데도 유독, 읽기를 할 때, 한글문법에 맞추어 번역해서 이해하려는 경향이 강합니다. 왜 그리 해야 하나요?

그러므로 표현하는 방법과 이해하는 방법은 다를 수 있습니다.

이해는 표현된 것의 의미를 훼손하지 않는 범위 내에서 자유롭게, 쉽게, 수준에 맞게 받아들이면 되는 것입니다.

이해는 **비문법적**으로 자연스럽게 이해하고,
표현은 **문법적**으로 정확하게 표현해야 합니다.

"이해는 표현과 다르다!"

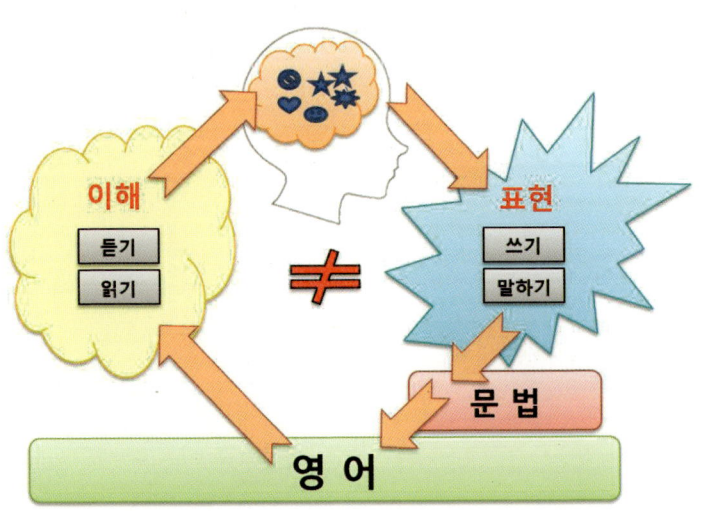

CHAPTER 03 영어단어의 이해

먼저 영어의 이해를 위해 영어단어의 특징부터 알아보겠습니다. 영어단어를 단순히 영어를 구성하는 기본 요소로만 보고, 한글단어 공부하듯 해서는 큰 코 다치게 됩니다.

먼저 영어단어는 **"일형태 다의어"**라는 특징이 있습니다. 즉, 형태는 하나인데, 뜻이 여러 가지라는 의미입니다. 한글단어와 다르게, 하나의 단어가 여러 가지 다양한 뜻을 가지고 있는 것이 상당히 많습니다. 아래 예를 보시죠.

love: 사랑, 애정, 호의, 구애, 여보(호칭), 애인……

family: 가족, 가정, 식구, 친척, 가문, 종족, 일가……

pen: 펜, 문체, 저자, 필체……

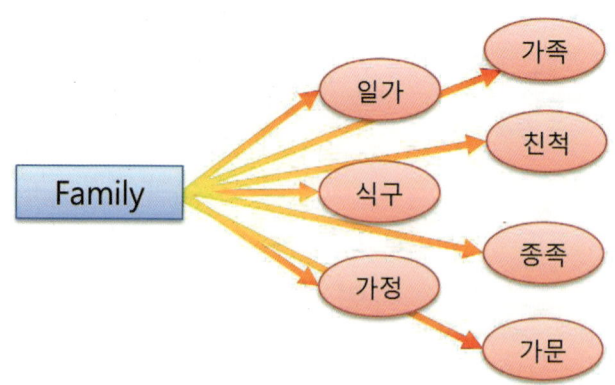

두 번째 영어단어의 특징은 **"품사변동"**이 매우 심하다는 것입니다. 한글처럼 명사는 명사로, 동사는 동사로, 형용사는 형용사로만 사용되는 경우가 매우 드물다는 것입니다.

명사가 동사로, 동사는 형용사, 명사로, 형용사가 때로는 부사로 마구 품사가 바뀌어 사용되는 경향이 있습니다.

단어가 그렇게 마구 여러 가지 품사로 사용하는 것을 보면, 매우 이해하기 어려워 보이지만, 단어가 사용된 위치를 잘 보면, 대부분 어떤 품사로 사용되는지 알 수 있기 때문에, 원어민들은 별 문제 없이 잘 사용하고 있습니다.

forward	=>	형용사, 부사, 명사, 동사
mother	=>	명사, 동사, 형용사
fine	=>	형용사, 부사, 동사, 명사
quiet	=>	형용사, 명사, 동사
truck	=>	명사, 동사
round	=>	형용사, 부사, 명사, 동사
walk	=>	동사, 명사

……………………………………

명사가 동사로 사용되는 예는 수도 없이 많습니다.

The lizard **snaked** from a hall.

"도마뱀이 구멍에서 꿈틀거리며 나왔다."

I **booked** seats for the theater.

"극장에 자리를 예약하다."

He **noted** down the main points.

"그는 요점들을 적어두었다."

He **trucks** wood.

"그는 목재를 트럭으로 나른다."

....

이렇듯, **영어단어**는 크게 두 가지 특징이 있습니다.

"일형태 다의어"와 **'품사변동'**입니다.

이것들이 의미하는 것이 무엇일까요?

그만큼 영어단어는 융통성과 확장성이 상당하다는 것입니다.

그러므로

문장 속에서 단어는

위치에 따라서 의미가 달라질 수 있으므로,

정확한 단어의 의미를 파악하기 위해서는

단어의 위치를 정확히 알아야 하고,

위치를 정확히 파악하기 위해서는

영어 문장의 어순이 어떻게 구성되는지 정확히 알아야 합니다.

결국 영어의 어순을 정확히 이해하지 못하고는 단어를 알더라도 문장의 의미를 제대로 파악하는 것이 상당히 어려울 수 있습니다.

"영어단어는 위치에 따라 뜻이 달라진다."

CHAPTER 04 앞에서 설명, 뒤에서 설명

영어문장은 다음과 같이 두 가지 구조라는 것을 먼저 이해할 필요가 있습니다.

1. 단어를 앞에서 설명하는 구조

이것은 앞의 형용사들이 뒤의 명사를 설명하는 경우입니다. 이 경우에 **한글의 어순과 크게 다르지 않으므로 공부의 대상이 되지 않습니다.** 그냥 한글처럼 편안하게 이해하고 사용하시면 됩니다.

2. 단어를 뒤에서 설명하는 구조

Tony is good.

이 문장에서 보통 Tony를 'good'으로 설명한다고 이해합니다. 그러나 그런 것이 아닙니다. *'Tony'를 'is'로 설명하는 것입니다.* 그리고 다시 'is'를 'good'으로 설명하는 것입니다.

"토니는 존재한다." "존재하는 상태가 착하다." 이렇게 앞 단어를 뒷단어가 설명하는 구조입니다.

A dog sleeps in a tree.

위의 문장에서 "a dog"를 'sleeps'로 설명하고, 'sleeps'는 'in'이 설명하고, 'in'은 다시 'a tree'로 설명하는 것입니다.

"개가 잔다." "자는 곳이 안이다." "안은 나무의 안이다."라고 설명하는 것입니다.

즉, 영어는 이렇게 단어를 앞에서 설명하는 방식과 뒤에서 설명하는 방식이 있으나, 앞에서 설명하는 방식은 **우리의 해석방식과 유사하므로 문제가 되지 않지만, 우리에게 문제가 되는 것은 뒤에서 설명하는 방식입니다.** 그러므로 이 뒤에서 설명하는 방식을 영어식으로 이해하면, 영어의 어순을 자연스럽게 이해하고 표현할 수가 있게 되는 것입니다.

더 중요한 것은 단어를 앞에서 설명하든, 뒤에서 설명하던, 전체적인 **"어순은 좌에서 우로 흘러간다."**는 것입니다. 우에서 좌로 왔다 갔다 하는 것이 결코 아닙니다.

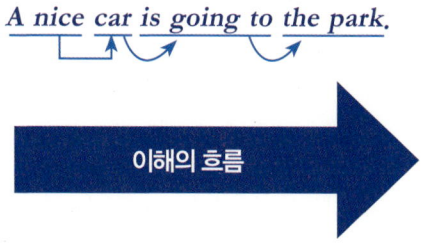

"영어는 언제나 좌에서 우로 흐른다."

CHAPTER 05 절대문장

"A는 B다"

여러분이 알아야 할 영어의 문장구조는

5형식이 아니라,

"A는 B다"라는

오직 하나의 문장구조입니다.

이것을 TNT영어에서는 **"절대문장"**이라 칭합니다.

"A ⇒ B"

복잡해 보이는 영어문장이 "A는 B다"라는 지극히 단순한 구조라고 말하면 쉽게 납득이 가지 않을 것입니다. 그러나 영어문장은 말하고자 하는 핵심 'A'를 'B'로 설명하는 아주 단순한 구조입니다. 그러므로

A의 상태를 설명하고 싶으면

A(명사) + B(상태) => "A는 이렇다"를 사용하고

A의 행동을 설명하고 싶으면

A(명사) + B(행동) => "A는 행동한다"를 사용하는 것입니다.

"A는 이렇다"와 "A는 행동한다"라는 기본 문장으로부터

"A는 B다"라는 기본틀이 형성되게 되는 것입니다.

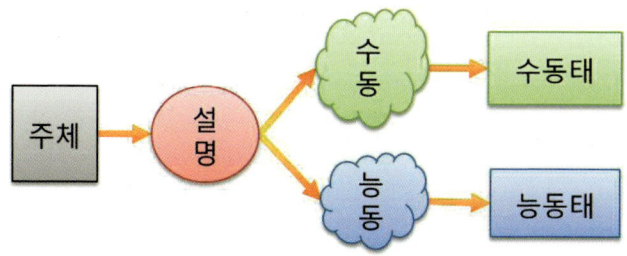

그러나 여러분은 이런 기본구조 말고도, 수없이 많은 복잡한 영어문장을 접해왔을 것입니다. 그럼 그것들은 어떻게 이해할 수 있을까요?

He sleeps on the bed.

"그는 잔다, 침대 위에"

위의 문장에서 **"on the bed"는 "A는 B다"로 이해할 수 없는 부분이라고 생각할 것입니다.** 그러나 그것은 여러분이 "on the bed"를 "침대 위에"라고 배워서 그런 것입니다. 이것을 이해하기 위해서는, 뒤에 나오는 **'순독순해'** 부분을 먼저 봐야 하지만, 영어를 이해하는 차원에서 접근하는 것이니, 내용을 참고하는 정도로 보시면 되겠습니다.

만약에 이 문장을 아래처럼 이해해 보는 것은 어떤가요?

"on the bed" => "표면은 침대 (표면이다)"

즉 'on'을 '~위에'로 이해하지 말고, '표면'으로 이해하면, 위와 같이 이해하는 것이 가능합니다. 좀 억지스러워 보이시나요? 그러나 여러분이 알아야 할 것은 위의 표현이 우리에게 이상하게 보이는 것일 뿐, **원어민은 "on the bed"를 보고 위와 같은 방식으로 이해한다는 것입니다.**

그러므로 굳이 '**on**'을 한글의 '**조사**'인 '**~위에**'로 맞추어 이해할 필요가 없다는 것을 말씀드리는 것입니다.

아래 문장을 다시 보시기 바랍니다

He sleeps on the bed.

[기존방식] 그는 침대 위에서 잔다.

[기존방식] 그는 잔다 / 침대 위에서.

[TNT방식] 그는 잔다, (자는 곳은) 표면이다, (표면은) 침대 표면이다.
                (A는 B다)   (A는 B다)   (A는 B다)

위처럼 "A는 B다"라는 구조를 기반으로, 영어의 문장은 반복되고, 확장해 나아가면서 만들어지는 것입니다.

그러므로 우리는 이 방법을 이해하고, 이 방법으로 영어를 배워야 하는 것입니다. 우리는 그동안 영어를 너무 한글에 정확히 맞추려고, 어순을 뒤집어가면서 이해해 왔습니다. 그것이 우리의 족쇄가 되어 영어를 쓸 수 없고, 말할 수 없게 만든 것입니다.

순서대로 영어문장을 이해하기 위해서는
반드시, 영어가 "A는 B다"라는 구조로 되어 있음을 명심하셔야 합니다.

이 책에서 소개하는 방법을 습득하신다면, 그 어떤 영어문장도 "A는 B다"라는 지극히 단순한 구조로 이해할 수 있습니다.

I found a ring in the cup on the book on the desk.

위 문장이 복잡해 보이시나요? 하지만 내부적으로는 절대문장 여러 개가 연결되어 표현된 것뿐입니다.

복잡한 문장 = 절대문장 + 절대문장 + 절대문장……

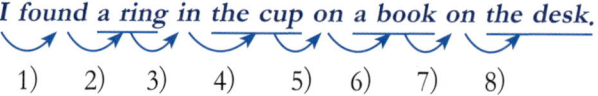

1) 2) 3) 4) 5) 6) 7) 8)

1) 나는 찾았다. (A는 B다)

2) 찾은 것은 반지다. (A는 B다)

3) 반지는 안에 있다. (A는 B다)

4) 안은 컵 안이다. (A는 B다)

5) 컵은 표면에 있다. (A는 B다)

6) 표면은 책 표면이다. (A는 B다)

7) 책은 표면에 있다. (A는 B다)

8) 표면은 책상 표면이다. (A는 B다)

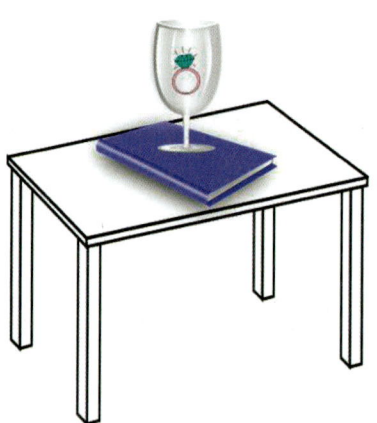

 a bun on cucumber on cheese on a patty on the tomato on the lettuce on a bun.

PART 07

첫 번째 날개, 순독순해

CHAPTER 01 뭘 거꾸로 하라는 거야?

CHAPTER 02 순독순해의 기본 철학

CHAPTER 03 순독순해 개론

CHAPTER 04 원숭이 잡기

CHAPTER 05 영어어순 정말 쉽다!

CHAPTER 06 수준별 순독순해

CHAPTER 07 두 번 설명하기

CHAPTER 08 시험 볼 때는 어떻게 하나요?

CHAPTER 01 뭘 거꾸로 하라는 거야?

앞에서, 문제에 봉착하면 거꾸로 해 보라고 했는데, 드디어 무엇을 거꾸로 해야 하는지 정확히 알려드리겠습니다.

지금 우리는 해결할 수 없는 영어의 문제에 봉착해 있습니다. 뭘 거꾸로 해야 하나요? 뭘 뒤집어야 하나요?

이제 TNT영어의 기본 철학을 설명 드립니다. TNT영어의 기본철학은 그동안 우리가

"거꾸로 공부했던 영어를 다시 뒤집으라."는 것입니다.

영어의 어순을 뒤집어 가르치거나, 안 뒤집는 척하는 모든 방법을 다시 뒤집어서 **"정상적인 어순"**으로 공부하는 것이야말로, 제대로 영어를 공부하는 길임을 깨달으시기 바랍니다.

**TNT영어의 기본철학은
영어를 인위적으로 뒤집지 말고,
순서대로, 순리대로 공부해야 한다는 것입니다.**

그러기 위해서는 두 단어부터 제대로 읽고 이해하는

'순독순해'(順讀順解)를 해야 하는 것입니다.

"순독순해? 처음 들어 보는데요?"

CHAPTER 02 순독순해 기본 철학

우리는 'love'라는 단어를 '사랑'이라고 배웠고, 그렇게 알고 있습니다. 영어 단어를 배울 때, 한글로 배우는 것이 단어를 배우는 절대적인 방법일까요?

상상해 봅시다. 우리가 'love'라는 단어를 공부할 때, 한글을 모르면 어떻게 이해할까요? 글을 모르는 사람들은 죽었다 깨어나도 'love'라는 단어를 이해하지 못할까요?

아니죠, 이해할 수 있습니다. 우리에게는 'love'에 대한 그림이나 상황이 있기 때문에, 비록 한글을 모르는 사람일지라도 'love'라는 단어를 이해하고, 사용할 수 있습니다.

손을 잡고 흔드는 모습을 보여주며, "shake hands"라고 말하면, 비록 '악수'라는 단어를 모르는 아이들일지라도, 그것이 무엇을 의미하는 것인지 알 수 있고, 사용할 수 있습니다.

 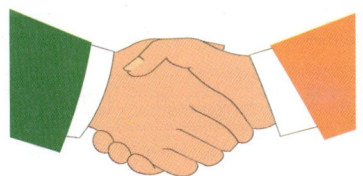

왜 이런 이야기를 하느냐 하면, 영어공부를 함에 있어서, 우리는 **"영어를 지나치게 한글화해서 이해하려는 경향"**이 있습니다. 영어문장을 이해하기 위해서는 오로지 한글만을 사용해야 이해할 수 있는 것은 아닙니다. 영어 문장을 그림이나, 행동, 심지어 춤이나 음악으로 바꾸어서도 이해할 수 있습니다.

즉, 한글은 영어 문장을 이해하는 가장 쉽고, 효과적인 방법이기 때문에 한글을 이용하는 것이지, 반드시 한글로 이해해야 하는 것은 아닙니다.

그리고 영어문장을 이해할 때, 꼭 100% 한글 문법에 맞추어 번역한 것으로 이해해야 하는 것인가요? 이것도 아닙니다. 이미 우리가 잘 알고 있는 **직독직해는 한글 문법에 맞지도 않을 뿐더러, 심각한 문제도 야기합니다.** 그러나 우리는 지금까지 이것을 사용해 왔습니다.

[의역] 나는 자전거 타는 소녀를 사랑한다.

I love the girl on the bike.

[직역] 나는 사랑한다 / 그 소녀를 / 자전거 위의

위의 두 해석 중에서, 많은 사람들은 의역보다는 직독직해로 해석된 직역이 이해하는 데 더 좋다고 생각을 합니다.

한글 문법에 맞지 않는 직독직해를 왜 더 선호하는 것일까요? 그것은 완전히 뒤집어 영어문장을 이해하는 의역보다 직독직해가 영어의 어순을 덜 훼손한다고 생각하기 때문입니다.

그러나 그것은 심각한 착각일 뿐입니다. **의역이나 직역이나 영어의 어순을 훼손하기는 마찬가지입니다.**

이제는 원어민이 영어를 이해하듯이, 우리도 영어의 순서를 바꾸지 말고, 자연스럽게 이해하려고 노력해야 합니다. 그렇게 하려면 영어문장을 이해하는 시점에서

"어순을 뒤집게 만드는

모든 것을 버려야 합니다!!!"

그러고 나면, 영어문장이 지극히 단순하고, 쉽고, 자연스럽다는 것을 깨달을 수 있습니다. 뿐만이 아니라, **읽기를 순서대로 할 수 있기 때문에, 쓰기, 말하기, 듣기도 순서대로 배울 수 있고**, 더 나아가 영어를 원어민처럼 이해하고, 사용할 수 있는 것입니다.

이렇듯 영어의 모든 단어를 순서대로 읽고 이해하는 방법이 **순독순해**입니다. 순독순해 입장에서는 번역을 위한 의역이나 직독직해를 이용하는 직역이나 별반 다르지 않습니다. 둘 다, 어순을 뒤집기는 마찬가지입니다. 그래서 둘 다, 열심히 해도 영어 실력 향상에는 별 도움이 되지 않는 것입니다.

"영어를 이해하는 새로운 방법"

"순독순해"

CHAPTER 03　순독순해 개론

영어를 해석하는 방법은 여러 가지가 있고, 그 정의는 학자마다 다르겠지만 TNT영어에서는 아래와 같이 정의합니다.

[의역] 번역을 위한 해석 방식, 완전한 한글어순으로 해석한다.

[직역] 직독직해를 이용한 해석법으로 부분부분 어순을 뒤집어 해석한다.

[순역] 완전히 원어민과 같은 사고방식으로, 단어 하나하나를 순서대로 해석한다.

I had bread on the table in the living room.

[의역] 나는 거실 안에 있는 테이블 위에 있는 빵을 먹었다.

I had / bread / on the table / in the living room.

[직역] 나는 먹었다 / 빵을 / 테이블 위에 / 거실 안에서

I had bread on the table in the living room.

[순역] 나는 먹었다, (먹은 것은) 빵이다, (빵은) 표면에 있다, (표면은) 테이블 표면이다, (테이블은) 안에 있다, (안은) 거실 안이다.

어느 해석이 여러분은 가장 마음에 드시나요? 의역은 일반사람들이 절대로 해서는 안 되는 방법이고, 오직 번역가를 위한 방법입니다. 직역은 그동안 우리가 될 것이라고 믿고 따랐지만, 되는 척 우리를 속인 방법입니다.

마지막 순역은 어떤가요? 좀 장황하게 보이나요? 그러나 위의 의역, 직역과는 다르게 절대로 어순을 뒤집지 않습니다. 좀 매끄럽지 않으면 어떤가요? 좀 길면 어떤가요?

앞에서 이해와 표현은 같을 필요가 없다고 한 것 생각나시죠? 그것을 기반으로 한 순역을 이용하면 영어를 자연스럽게 이해하고, 순서대로 이해할 수 있습니다.

이런 식의 순독순해가 숙달되면 이해의 흐름을 거꾸로 하지 않아도 되므로, 뜻을 정확히 이해할 수 있을 뿐만이 아니고, 편안하게 이해할 수 있어서, 빠르게 읽기가 가능하게 되어, 최종적으로 해석 없이 눈으로 읽는 영어속독을 할 수 있게 됩니다.

결론적으로 의역, 직역, 순역 모두 영어문장을 한글로 다르게 표현한 것일 뿐, 의미를 이해하는 데는 아무 차이가 없습니다. 그러나 순역만이 어순을 정확히 지키면서 이해하는 방법입니다.

CHAPTER 04 원숭이 잡기

순독순해의 기본 원리는 아래와 같습니다.

"앞단어를 반복하면서, 뒷단어로 설명하자."

아직 감이 잘 안 오시는 분들을 위해, 순독순해의 원리를 쉽게 이해할 수 있는 **"원숭이 잡기"**를 한번 해 보겠습니다. "갑자기 왠 원숭이 잡기?"라고 생각하실지 모르지만, 아래 문장을 외운다고 가정합시다.

원숭이 엉덩이 빨갛다.
사과는 맛있다.
바나나는 길다.
기차는 빠르다.
비행기는 높다.
백두산.

다 외우셨나요? 단순한 문장의 나열로 되어있어서 쉬울 것 같지만, 처음 접하는 사람이 몇 번 반복한다고 해서, 외우기는 쉽지 않을 것입니다. 또 외운다고 하더라도 몇 일 아니 몇 시간만 지나도 잊어버리기 십상입니다.

그 이유는 "원숭이 엉덩이는 빨갛다"라는 문장과 뒤의 "사과는 맛있다."라는 문장이 아무 **연관관계**가 없기 때문입니다. 그래서 서로 전혀 연관성이 없는 문장들을 연결어를 만들어 연결해 보면 어떨까요? 아래처럼,

원숭이 엉덩이는 빨개,

　　　　빨가면 사과,

사과는 맛있어,

　　　　맛있으면 바나나,

바나나는 길어,

　　　　길으면 기차,

기차는 빨라,

　　　　빠르면 비행기,

비행기는 높아,

　　　　높으면

백두산.

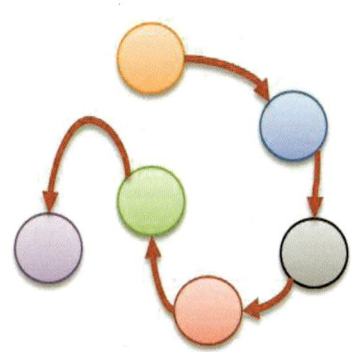

문장이 이렇게 바뀌고 나자, 이제는 누구나 쉽게 이해하고, 오랫동안 암기할 수 있게 되었습니다. 누구나 몇 번만 부르면 절대로 잊혀지지 않는 문장이 되었습니다. 여러분 성인이 되었어도 아직 저 노래 기억하시죠?

이것이 바로 **"기억의 트리거(방아쇠)"**라는 방법입니다. 우리가 무언가를 기억할 때, 서로 연관성을 부여하여 암기하면, 맨 처음 단어만 기억해도 전체를 다 기억할 수 있는 방법을 말하는 것입니다.

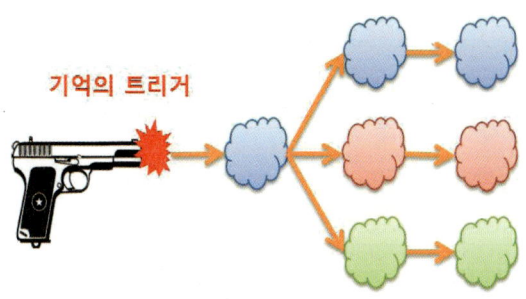

여러분도 가끔 무언가를 생각하면, 그것이 꼬리에 꼬리를 물고, 연이어 생각나는 경험을 하셨을 것입니다. 머릿속에 바로 이 "기억의 트리거"가 구축되어 있기 때문입니다.

"기억의 트리거"는 영어를 공부할 때도 매우 중요한데, 그 이유는 **영어문장도 알고 보면, 바로 이 "기억의 트리거" 방식처럼, 앞단어를 연결하여 다음 단어가 설명하는 구조**로 어순이 만들어져 있기 때문입니다. 그러므로 이런 구조의 영어문장을 읽을 때도, "기억의 트리거" 방식을 응용해 읽어 나갈 수 있는 것입니다.

이것이 영어를 읽고, 쓰고, 듣고, 말하기 위한

"TNT영어의 기본 철학"이자
"순독순해의 기본 원리"입니다.

앞의 **"원숭이 엉덩이 노래"**를 다음과 같이 순독순해 방식으로 풀어 설명해 보겠습니다.

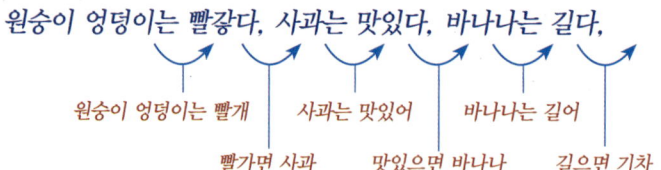

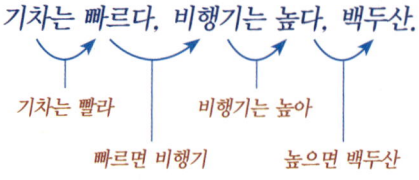

자 어떤가요? 정말 쉽고, 이해하기도 좋죠. 그리고, 외우려고 수천 번을 반복하지 않아도, 몇 번만 불러보면 외워집니다.

아래 문장에서 'to' – '목표', 'on' – '표면'으로 이해하면서, 자신에게 설명하듯이 순독순해 해 보세요~

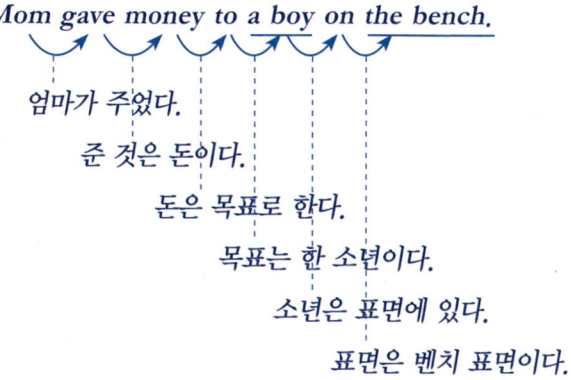

"순독순해의 원리는
앞단어를 반복해서,
자연스럽게 다음 단어와 연결하여 이해하는 것!"

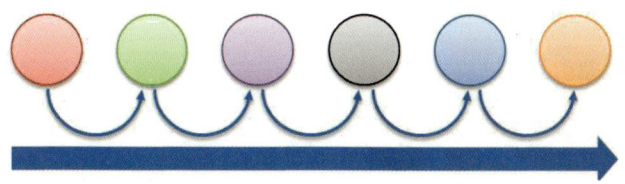

CHAPTER 05 영어어순 정말 쉽다!

문법을 조금이라도 공부한 사람이라면 전치사라는 말을 알고 있을 것입니다. **영어의 어순을 뒤집게 만드는 결정적인 원인 중에 하나입니다.** 한글은 전치사 같은 역할을 하는 조사가 명사의 뒤에 오지만 영어는 그 반대로 명사의 앞에 옵니다.

"나는 테이블 위에 꽃병을 봤다."

그러나 영어의 입장에서 보면 이 문장의 어순은 지극히 자연스러운 것입니다. 일단 내가 존재해야 하므로 'I'를 씁니다. 그리고 'I'의 행동을 써야 하므로 'saw'를 씁니다. 그리고 'saw'의 대상이 무엇인지 설명해야 하므로 "a vase"를 씁니다.

여기서 영어는 생각하는 방식이 한글과 확실한 차이가 발행합니다. 한글에서는 꽃병이 있는 곳이 테이블이라고 생각하지만, 영어에서는 꽃병이 있는 곳은 테이블 위의 표면이라고 생각합니다. 그래서 'on'을 먼저 쓰고, 'on'이 어떤 것의 표면인지 "the table"로 설명하는 것입니다.

즉, 영어는 보이는 순서대로 단어를 나열한 것입니다.

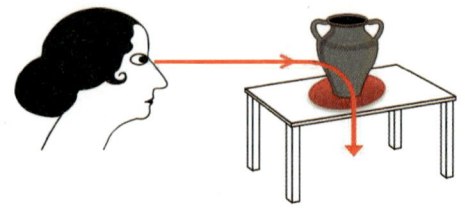

이렇게 보면 영어의 어순은 정말 단순하고, 쉬운 구조로 되어 있습니다. 불행히도 우리에게만 어려울 뿐입니다.

"나는 테이블 위의 꽃병을 봤다."

결정적으로 위 한글 문장의 앞 두 단어인 '나'와 '테이블'은 아무리 두 단어의 관계를 이해하려고 해도, 문장을 끝까지 읽어 보기 전까지는 전혀 알 수가 없습니다.

I saw a vase on the table.

그러나 영어의 시작 두 단어, 'I'와 'saw'는 두 단어가 어떤 관계이고, 무슨 뜻인지 정확히 알 수 있습니다.

그래서 이런 말이 있죠.

**"영어는 앞을 잘 들어야 하고,
한국어는 끝을 잘 들어야 한다!"**

CHAPTER 06 수준별 순독순해

문장을 이해할 때, 우리는 순독으로 해야 합니다. 보통의 순독은 가능하면 모든 단어를 하나하나 이해하면서 진행하게 됩니다. 그러나 우리가 수준이 높아지거나, 표현에 익숙해지면, 자연스럽게 여러 단어를 한꺼번에 묶어서 이해하거나, 불필요한 설명부를 생략하고도 이해할 수 있습니다. 이제 단계별로 순독의 수준을 높여 가면서 문장을 이해해 보겠습니다.

He is looking for a dog in the forest.

[순역1] 그는 이런 상태다. (상태는) 보고 있는 상태다.
(보는 것은) 목적으로 하고 있다. (목적은) 개이다.
(개는) 안에 있다. (안은) 숲 안이다.

He is looking for a dog in the forest.

[순역2] 그는 보고 있다. (보는) 목적은 개이다.
(개는) 안에 있다. (안은) 숲 안이다.

He is looking for a dog in the forest.

[순역3] 그는 찾고 있다. (찾는 것은) 개다. (개는) 안에 있다.
(안은) 숲 안이다.

[순역4] 그는 찾고 있다. 개. 숲

처음에는 모든 단어를 순서대로 이해하려고 노력합니다. 그러다 단어를 2개 혹은 3개 이상으로 묶어서 이해합니다. 더 나아가, 수준이 높아지면, [순역 4]처럼, 이해에 불필요한 부분은 과감하게 생략해도 충분히 이해가 가능합니다. 마치 **"an apple"**을 처음에는 **"하나의 사과"**로 인식하다가, 나중에는 **"사과"**로 묶어서 인식하는 것과 같은 이치입니다.

위의 순역들을 보면, 그 어떤 것도 어순을 뒤집어 이해하지 않습니다. 수준이 높아지면 여러 단어를 묶어서 이해하지만, 결국 좌에서 우로 이해합니다.

이렇게 수준이 한 단계씩 올라가게 되면, 궁극에는 문장을 한글 설명 없이, **눈으로 읽어도 이해가 됩니다.** TNT영어의 최종 목표는 한글을 눈으로 읽듯이, 영어도 눈으로 읽어 이해가 되게 훈련하는 것입니다.

〈 수준별 순독순해 방법 〉

1단계: 모든 단어를 해석해서 이해한다.

2단계: 단어를 묶어서 덩어리로 이해한다.

3단계: 이해하는 데 불필요한 것은 생략하고 이해한다.

4단계: 눈으로 이해한다.

"첫 번째 날개 – 순독순해"

CHAPTER 07 두 번 설명하기

일반적으로 설명은 뒷 단어가 앞 단어를 설명하는 것이 원칙입니다. 그러나 반드시 바로 앞의 단어만을 설명하지 않고, 저 앞에 있는 단어를 설명할 수도 있습니다.

A dog sleeps in a box.

이 문장에서 연결어 'in'은 바로 앞의 단어 'sleeps'를 설명합니다. "잠을 안에서 잔다"는 의미입니다.

A dog sleeps in a box by the house.

이 문장에서도 연결어 'by'는 바로 앞 단어 "a box"를 설명합니다. 즉, 상자가 옆에 있다는 의미입니다. 이제 좀 다른 형태의 문장을 보겠습니다.

A dog sleeps in a box with its babies.

그러나 이 문장에서 연결어 'with'는 바로 앞 단어 "a box"를 설명하는 것이 아닙니다. 이 경우에는 저 앞에 있는 단어, 'sleeps'를 설명하는 것입니다.

A dog sleeps in a box with its babies.

즉, "개는 잠잔다" 다음에 "함께하는 것은 그것의 새끼들이다."라는 뜻을 뒤에 추가한 것입니다.

그래서 위 문장은, 아래처럼 되어 있는 문장을 한 줄로 표현한 것뿐입니다.

A dog sleeps + ┌ in a box.
              └ with its babies.

A dog sleeps in a box with its babies.

이렇게 설명하는 부분이 바로 앞의 단어를 설명하지 않고, 저 앞쪽에 있는 단어를 설명하는 경우에는 약간 혼란스러울 수 있습니다. 그래서 이런 경우, 앞에 있는 단어 'sleep'을 두 가지의 연결어 'in'과 'with'로 설명하는 구조임을 알 필요가 있습니다.

그러므로 이런 문장은 처음에 이해가 안 가는 경우, 다시 처음부터 읽어서 이해를 하려고 해야 합니다.

A dog sleeps in a box with its doggies.

[순역] 개는 잔다, (자는 것은) 안에서 이다, (인은) 상자 안이다,
       (자는 것은) 함께한다, (함께한 것은) 새끼들이다.

한글도 문맥이 파악이 안 되면, 처음부터 다시 읽듯이, 영어도 문맥이 잘 이해가 안 되면, 거꾸로 읽는 것이 아니라, 처음부터 다시 읽으면서 파악해야 됩니다.

"이해가 안 되면, 처음부터 다시 읽자!"

CHAPTER 08 시험 볼 때는 어떻게 하나요?

이쯤 해서 보통 제가 받는 질문이 있습니다.

"선생님, 학교시험에서 해석하는 문제가 나오는데, 순역으로 해석하면 점수를 안 줘요!"

일단, 우리는 번역가가 되려는 것이 아니므로, 학교시험에서 번역/해석하는 영어 문제는 나오지 말아야 한다고 생각합니다. 그러나 현실은 아직도 많은 영어시험에서 번역/해석하는 문제가 나오고 있습니다.

결론적으로 시험에서 해석하는 문제가 나오면 순역으로 답을 써서는 안 됩니다. 학교 선생님들은 깔끔하게 정돈된 번역[의역]을 바라는 것이기 때문입니다.

이것은 직독직해도 마찬가지입니다. 답을 직독직해 하듯이 써 놓으면 마찬가지로 점수를 주지 않을 것입니다. 그러면 어떻게 하나요?

**'직독직해', '순독순해'는
이해하는 방법**이지 표현하는 방법이 아닙니다.

그러므로, 영어시험에 혹시라도 그런 문제가 나오면 다음과 같은 절차를 거쳐야 합니다.

영어문장 => 순독순해 => 이해 => 의역표현

기존에 했던 방식은 아래와 같습니다.

영어문장 => 직독직해 => 이해 => 의역표현

여러분은 이제 순독순해로 자연스럽게 이해하고, 그 이해를 바탕으로 말이나, 글로 표현하면 되는 것입니다.

이것은 유독 영어문장에 국한된 것은 아닙니다. 그림을 본다면, 자신이 본 것을 자신만의 방법으로 이해하고, 남에게 그림에 대해 이야기할 때는, 자신의 생각을 정리해서, 정확한 한글로 표현해야 하는 것과 같습니다.

이해(읽기, 듣기)는 어떤 식으로 하든,

표현(쓰기, 말하기)은 상대방이 알아들을 수 있게 해야 합니다.

"순독순해는 이해하는 방법이다!"

PART 08

어순 극복하기

CHAPTER 01 단어 실력 테스트

CHAPTER 02 고통의 근원 - 전치사

CHAPTER 03 전치사 다음에 목적격이 오는 이유

CHAPTER 04 전치사를 인식하는 새로운 방법

CHAPTER 05 영어단어에 대한 새로운 생각

CHAPTER 06 전치사를 이해하는 방법

CHAPTER 07 100만 대군 넘버2

CHAPTER 08 100만 대군 행동대장

CHAPTER 01 단어 실력 테스트

수없이 많은 영어단어 중에서, 여러분은 어떤 단어부터 외우시나요? 당연히 많이 사용하는 단어부터 외워야 합니다.

그래서 전 세계 영어단어를 사용 빈도수순으로 나열해서 순위를 매겼습니다. 아래 단어들은 전 세계의 **모든 영어 단어 중에서 가장 많이 쓰이는 단어 30개**입니다. 당연히 가장 많이 쓰이는 단어들이므로 가장 잘 알고 있어야 합니다.

빠르게 훑어보고, 여러분은 몇 개의 단어를 알고 있는지 생각해 보세요.

No.1	the	No.11	that	No.21	this
No.2	of	No.12	or	No.22	an
No.3	and	No.13	it	No.23	by
No.4	to	No.14	as	No.24	not
No.5	a	No.15	be	No.25	but
No.6	in	No.16	on	No.26	at
No.7	is	No.17	your	No.27	from
No.8	you	No.18	with	No.28	I
No.9	are	No.19	can	No.29	they
No.10	for	No.20	have	No.30	more

영어를 배울 때, 가장 먼저 배우는 단어들이고, 많이 쓰이는 단어이므로, **영어를 조금이라도 배운 사람들은 30개 모두를 안다고 생각할 것입니다.**

그러나 제가 장담하건대, 최소한 10개는 모르실 것입니다. 아니, 그 10개를 안다고 착각하고 있는 것입니다.

정말 쉬운 것 같으면서도, 정말 어려운 단어들을 지금부터 정복해 나가겠습니다.

"여러분이 안다고 착각하는 단어는 무엇일까요?"

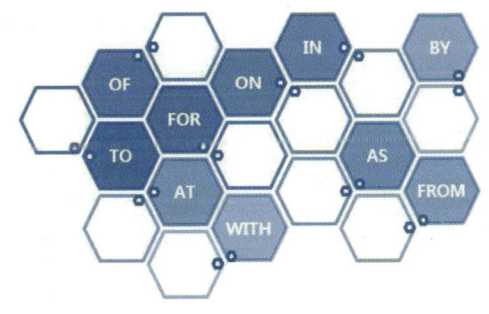

CHAPTER 02 고통의 근원 – 전치사

여러분 8품사를 들어보셨을 것입니다. 모든 단어를 8가지로 분류해 놓은 것이고, 보통 문법을 배울 때, 가장 먼저 배우는 것 중에 하나입니다.

　　명사, 대명사, 동사, 형용사, 부사, 전치사, 접속사, 감탄사

그러면 이 8개의 품사 중에서 가장 공부하기 어려운 것은 무엇인가요? 명사인가요? 동사인가요? 아니면 접속사인가요?

이 질문에 바로 '전치사'라고 대답을 못하는 사람은 영어를 배우는 초보자이거나, 영어가 얼마나 어려운지 뼈저리게 느껴 보지 못한 분일 것입니다.

제 생각에는 전치사가 가장 어려운 품사입니다. **전치사**가 어려운 이유는 아래와 같습니다.

첫째, 그 뜻이 너무나도 많다.

둘째, 결정적으로 어순을 뒤집게 만든다.

셋째, 아무도 정확히 가르쳐 주지 않는다.

사전에서 전치사를 찾아보면, 그 뜻이 매우 많다는 것을 알 수 있습니다. 그러나 어느 문법책을 봐도 저 뒤쪽, 구석에 잠깐 언급을 합니다. 어느 누구한테 물어봐도 아래처럼 너무도 간단하게 알려줍니다.

'of'는 '~의'

직독직해를 할 때에도 너무 간단하게 한글로 해석이 되어서 공부할 가치를 못 느낄 정도로 쉽습니다.

여러분! 전치사가 정말 그렇게 쉬운가요?

이 책에서는 '전치사'라는 말 대신에

'매직워드'(Magic Words)라고 부릅니다.

그리고 10개의 전치사를 모아서,

10MW(10 Magic Words)라고 부릅니다.

이 책에서 왜 전치사를 마법의 단어라고 하는지를 알게 되면, 그 순간 **영어의 한을 풀어줄 "두 번째 날개"**를 달게 될 것입니다. 자, 예문을 봅시다.

I go to Seoul with my friends on Saturday.

[의역] 나는 토요일에 친구와 서울에 간다.

[직역] 나는 간다 / 서울에 / 친구와 / 토요일에

위 의역과 직역을 보면, 영어 문장을 우리는 충분히 이해할 수 있습니다. 그러나 여기에 여러분이 모르는 **함정**이 있습니다.

그것은 바로, 왜 'to'가 '~에'로 해석되는지, 'with'가 '~와'로 해석되는지 설명이 없습니다. 심지어 'on'도 'to'와 같이 '~에'로 해석하고 있습니다.

'to' => '~에', 'with' => '~와', 'on' => '~에'

그래서 선생님이 직역이나 의역으로 설명을 해줄 때는 이해가 잘 되지만, 본인이 직접 해석할 때는 심각한 이해의 문제가 발생합니다. 그것은 바로 **'to'와 'on'이 왜 그렇게 해석이 되는지 정확한 설명이 없이 이해를 했기 때문입니다.**

'to'는 문장에 따라서 "~에, ~로, ~으로……" 등으로 다양하게 해석이 되기 때문에, 상당한 실력이 없으면 적절한 해석을 할 수가 없습니다. 'on'의 경우도 '~위에'라고 보통 해석하지만, 앞 문장의 경우에는 '~에'로 해석을 하고 있습니다. 이렇듯 전치사는 경우에 따라서, 상황에 따라서 마구 바뀌어 해석이 되므로, 독해를 하는 것 자체가 어렵게 만드는 요인으로 작용합니다. 또한 **일관된 규칙하에서 해석하는 방법을 가르쳐 주는 사람도 없습니다.**

이런 식으로 한글어순을 기준으로 영어를 해석하면, 뒷단어에서 앞단어로 이동하면서 해석을 해야 합니다. 그래서 어순을 뒤집지 않고서는 해석이 불가능한 것입니다. 사실 이것은 전치사 자체의 문제가 아니고, 전치사를 거꾸로 이해하는 한국사람의 문제입니다.

"전치사는 죄가 없다! 조사처럼 해석하지 마라!"

CHAPTER 03 전치사 다음에 목적격이 오는 이유

The table is old.

이 문장에서 "the table"은 주어로 사용되어 '주격'입니다. 그러면 아래 문장에서 "the table"은 '주격'일까요? '목적격'일까요?

I saw some books on the table.

이 문장에서 "the table"은 목적격입니다. 일반명사는 주격과 목적격이 동일한 형태를 가지기 때문에 구분이 없을 뿐이지, 전치사의 뒤에 있으므로 분명히 목적격입니다. 마치 동사의 과거와 과거분사가 모양이 같더라도 위치에 따라서 구분할 수 있는 것처럼, 이 문장의 "the table"은 목적격이 분명합니다.

영어의 대명사는 일반명사와 다르게 주격과 목적격이 따로 존재합니다.

주격: *I, you, he, she, it, we, they*

목적격: *me, you, him, her, it, us, them*

They are old. (주격: they)

Tony sent some books to them. (목적격: them)

위쪽 문장에서 'they'는 주격입니다. 그러나 아래쪽 문장에서 'to' 다음에 오는 'them'은 목적격을 사용하고 있습니다. 여기서 왜 **영어는 전치사 다음에, 왜 주격을 사용하지 않고, 목적격을 사용하는 것일까요?**

전치사와 명사만을 놓고 보면, 우리는 명사가 주체가 되어 전치사를 끌고 다니고, 전치사가 명사를 보조한다고 생각합니다. 마치 한글에서 "명사 + 조사" 개념을 영어에 그대로 적용해서 이해하고 있습니다.

"to + them" => "그들 + 에게"

'그들'이 주체가 되어, 조사 '~에게'를 끌고 다니고, 조사는 명사 '그들'을 보조하는 것으로 생각합니다.

이런 식으로 생각하기 때문에, 영어를 볼 때도, 전치사 다음에 오는 'them'이 주체처럼 생각이 들고, 전치사 'to'는 'them'을 보조하는 것으로 보입니다.

그러나 영어에는 'to' 다음에 'them'을 주체로 인식하지 않습니다. 주체로 인식한다면, 당연히 주격 'they'를 전치사 다음에 썼을 것입니다. 영어에서는 왜 전치사 다음에 목적격을 사용하는지 이제 그 이유를 설명합니다.

영어에서 목적격이 사용되는 곳은 두 곳입니다. 첫 번째는 동사 다음이고, 두 번째는 전치사 다음입니다.

Boys like him.

소년들은 그를 좋아한다.

Boys like the presents from him.

소년들은 그로부터 받은 선물을 좋아한다.

왜 동사와 전치사 다음에는 목적격을 사용하는 것일까요? 그것은 **"동사나 전치사가 뒤에 오는 단어에 영향을 가한다."** 라고 생각하기 때문입니다. 그러므로 뒤에 오는 단어는 행동이나 영향을 받은 목적물로써 인식이 되므로, 동사나 전치사 다음에는 목적격이 사용되는 것입니다.

그러므로 영어에서는 전치사와 명사의 관계는 **전치사가 주체가 되어 상황을 표현하고, 그 상황이 무엇인지 명사로 설명하는 것입니다.**

위에서 "from him"은 'from'으로 "출발한 곳"이라는 의미를 표현하고, 다시 'him'으로 출발지를 구체적으로 설명하는 것입니다.

"전치사는 명사에 영향을 가하고, 명사는 전치사를 설명한다."

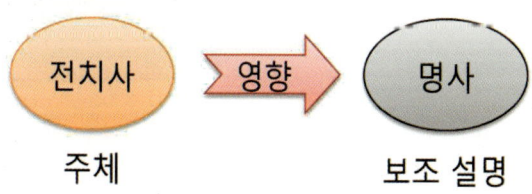

CHAPTER 04 전치사를 인식하는 새로운 방법

이 장에서는 전치사에 대한 새로운 인식 방법과 더불어 전치사가 왜 명사 앞에 놓일 수밖에 없는지를 생각해 보겠습니다.

충분한 의미를 전달하기 위해서 우리는 문장을 만들어 표현하는데, 문장이라는 것은 의미를 만들어 내는 단어들의 모임입니다. 그래서 필연적으로 여러 단어들을 나열해야만 문장이 되는 것입니다. 일단 아래 상황을 보겠습니다.

단어가 혼자 있는 경우.

이 경우, 단어 단독으로 의미를 부여하기 때문에 다른 것이 필요 없습니다. 그냥 단어를 쓰고 표현하면 됩니다.

'시계'    '휴대폰'

단어와 단어가 함께 있는 경우

두 개의 단어가 함께 존재하는 아래 상황을 표현하고자 한다면 문제가 발생합니다. 단어 두 개를 단순히 나열해서는 정확한 의미를 전달할 수가 없습니다.

"시계 휴대폰" (???)

이 경우에, 어떤 식으로든 두 개의 단어들이 어떤 관계가 있는지 설명을 해야 합니다.

그래서 한글은 아래처럼 두 단어 사이에 '~위에'라는 단어를 넣어 설명합니다.

　　한글-주체: 시계 – "휴대폰 위에 시계"

이제 영어의 입장에서 봅시다. 한글의 입장에서는 주체가 뒤에 오지만, 영어는 항상 주체가 앞에 오죠. 그래서 아래와 같은 문장이 됩니다.

　　영어-주체: 시계 – "a watch on a phone"

이때, 주체를 무엇으로 선정하느냐에 따라, 뒤에 오는 단어를 적절히 연결해서 설명해 주는 단어가 필요한데, 이 역할을 하는 것이 바로 '전치사'입니다. 위의 예문에서는 'on'이 그 역할을 하는 것입니다.

이렇게 전치사는 앞단어와 뒷단어의 관계를 설명해야 하므로 **앞단어의 뒤, 뒷단어의 앞인 중간에 위치**할 수밖에 없는 것입니다.

　　'단어1' + 전치사 + '단어2'

우리가 영어를 배울 때, 전치사와 뒷단어(명사)만을 바라보며 전치사의 위치를 생각하기 때문에, 전치사가 뒷단어인 명사 앞에 놓인다고 생각하는 것이지만, 사실

"전치사는 앞단어와 뒷단어 사이에 놓이는 것입니다."

한글의 어순과 영어의 어순을 논하기 이전에, 위 문장에서 '휴대폰'과 '시계' 사이에 '위에'라는 단어를 놓지 않으면 우리는 문장을 이해하기 상당히 어려울 것입니다.

"휴대폰 시계 **위에**" (???)   "**위에** 휴대폰 시계" (???)

 그러므로 영어에서 **전치사**를 앞단어와 뒷단어를 연결하는 **연결어**로 바라보는 개념은 상당히 중요합니다!!!

'단어1' + 전치사(연결) + '단어2'

"그럼, 아래와 같이 전치사 앞에 단어가 없는 경우는 전치사를 어떻게 연결어로 생각하나요?"라는 질문을 할 수도 있습니다.

On the desk

그러나 위 문장에서 전치사 앞에 와야 하는 상황이나 단어를 생략해도 이해가 충분하기에 생략된 것입니다.

Honey, where is the car key?

(It is) on the desk!

한국사람은 전치사를 단지 명사를 보조하고, 뒷명사에게 항상 끌려 다니는 존재로 인식합니다. 그래서 뒷명사를 정확히 알아야 전치사를 표현할 수 있다고 생각하는 경향이 있고, 반대로 뒷명사가 구체적으로 생각이 나지 않으면, 전치사도 표현을 못하는 현상이 발생하기도 합니다.

이런 방식으로 전치사를 인식하는 것이 잘못된 것은 아니지만, 영어를 잘하기 위해서는 전치사를 바라보는 시각을 바꿔야 합니다. 다음 그림을 보시죠.

주체: 시계　　　　－ A watch **on** a phone

주체: 휴대폰　　　－ A phone **on** a book

주체: 책　　　　　－ A book **under** a phone

위 상황을 **전치사의 입장**에서 보면,

"**주체를 무엇으로 정하느냐**"에 따라서 형태가 'on'에서 'under'로 바뀔 뿐만이 아니고, "**주체를 무엇으로 정하느냐**"에 따라서, 같은 형태 'on'이라 하더라도, 뒷명사가 바뀌는 상황이 발생하기도 합니다.

결론적으로 전치사를 뒷명사의 보조로 생각하면, 필연적으로 어순을 뒤집어 이해하게 됩니다. 그러니 **전치사**를 앞단어와 뒷단어를 연결하는 **연결어로 인식하면**, 영어의 어순을 좀 더 자연스럽게 이해하고 **표현할 수 있습니다.**

여러분은 원어민이 아래처럼 말하는 것을 본 적이 있을 것입니다.

She's writing a book on... on... on............ ON FEMINISM!

이 경우 원어민은 앞단어 "a book"과 아직 생각이 나지 않는 뒷단어와의 관계를 알기 때문에 'on'을 반복하고 있는 것입니다. 그러다 구체적으로 뒷단어가 생각이 나면, 그때 뒷단어를 표현하는 것입니다.

즉, 뒷단어가 구체적이어야만, 전치사를 결정하여 표현할 수 있는 것이 아니고, 뒷단어가 막연하더라도 앞단어와의 관계를 알기 때문에 전치사를 먼저 표현할 수 있는 것입니다.

한글의 조사는 명사를 따라다니는 존재이지만,

영어의 전치사는 뒷명사를 끌고 다니는 연결어입니다.

"영어를 잘하려면, 전치사를 연결어로 인식해라!"

CHAPTER 05　영어단어에 대한 새로운 생각

우리가 잘 알다시피 영어단어는 한글단어와는 좀 다른 특징이 있습니다. 한국사람이 영어를 잘 못하는 이유 중에 하나이기도 합니다. "영어의 이해" 부분에서 언급한 것처럼, 하나의 영어단어는 다양한 품사를 가지고 있어서, 간혹 문장의 뜻을 파악하기 어려운 경우가 있습니다. 아래의 예를 보시기 바랍니다.

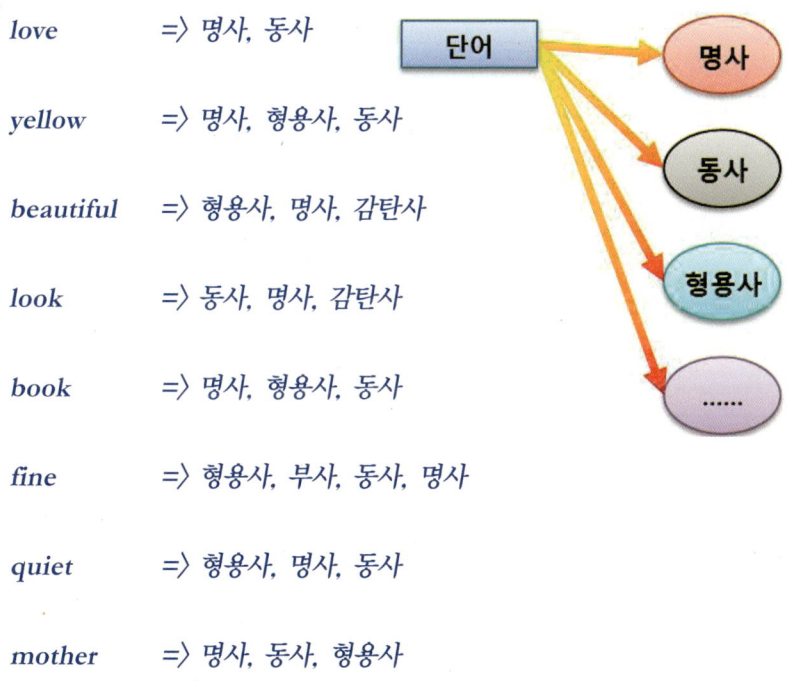

love   => 명사, 동사

yellow   => 명사, 형용사, 동사

beautiful   => 형용사, 명사, 감탄사

look   => 동사, 명사, 감탄사

book   => 명사, 형용사, 동사

fine   => 형용사, 부사, 동사, 명사

quiet   => 형용사, 명사, 동사

mother   => 명사, 동사, 형용사

위와 같은 특성을 영어단어가 가지므로, **같은 단어라도, 위치에 따라 명사인지 동사인지 형용사인지를 파악하고, 그에 맞게 이해하는 것이 영어를 잘 이해하는 길이기도 합니다.**

그러므로 다음과 같은 의문을 가져 봅니다.

많은 영어단어들이 원래 다양한 품사를 가지고 있고,

'love'라는 단어는 '사랑'과 '사랑하다'처럼 명사, 동사로 사용되는데……

단어를 이해할 때, 굳이

명사를 꼭 명사로만 이해해야 하는가?

명사를 동사처럼, 동사를 명사처럼,

형용사를 명사나 동사처럼 이해하면 안 되는가?

그렇다면,

'전치사'를 '명사'로 이해하면 안 되는가?

CHAPTER 06　전치사를 이해하는 방법

우리가 알다시피, 어순을 뒤집게 만드는 전치사를 그럼 어떻게 이해해야 하나요? TNT영어가 제안하는 방법은 이것입니다.

"전치사를 명사"로 이해하라!

이 문장을 봅시다.

I see a picture on the wall.

[의역] 나는 벽에 있는 그림을 본다.

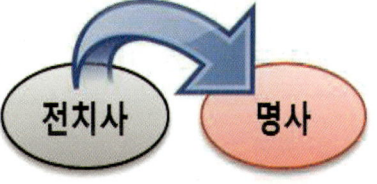

[직역] 나는 본다 / 그림(을) / 벽 위에

'on'을 '~위에'라고 조사처럼 이해하지 말고, 다음과 같이 명사로 이해합시다.

'on' = '표면'

이제 전치사 'on'을 명사처럼 '표면'으로 이해해서 **순역**(順譯)을 해 봅시다.

[순역] 나는 본다, (보는 것은) 그림이다, (그림은) 표면에 있다, (표면은) 벽 표면이다.

이렇게 **전치사를 조사가 아닌 명사로 이해하면** 이해의 순서가 자연스럽고, 편안해지게 됩니다. 다음 문장에서 'on'을 명사 '표면'으로 이해하면서, 절대 문장 "A는 B다"를 이용해서 순역으로 설명해 보겠습니다.

순역 = 절대문장 + ('on' : '표면')

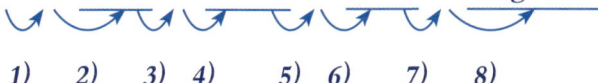

1) 나는 봤다

2) 본 것은 새다

3) 새는 표면에 있다

4) 표면은 토끼의 표면이다

5) 토끼는 표면에 있다

6) 표면은 곰의 표면이다

7) 곰은 표면에 있다

8) 표면은 땅 표면이다

이해되시나요? 되신다면, 이제 첫발을 내디딘 것입니다.

전치사를 이해하는 방법을 설명드렸으니, 이제 구체적인 단어를 가지고 이해해 보겠습니다. 전 세계 영어단어가 몇 개쯤 될까요? 10만 개? 20만 개? 전 세계에서 사용되는 모든 영어단어를 합치면 좀 비약해서 100만 개쯤 될 것입니다.

CHAPTER 07 100만 대군 넘버2

물론 우리가 이 100만 개를 다 알아야 한다는 것은 아닙니다. 그럼 이 100만 개를 자주 사용하는 빈도순으로 정렬하면, 어느 단어를 가장 많이 쓸까요? 100만 개의 단어 중에서 가장 많이 사용하는 단어들을 먼저 외워야 하지 않을까요? 가장 많이 사용되는 단어는 무엇일까요? 'I'일까요? 'you'일까요? 그도 아니면 'go'일까요? 모두 아닙니다. 첫 번째 단어는 'the'이고, 두 번째로 많이 쓰이는 단어는 바로 아래에 있습니다.

'of'

네, 바로 'of'입니다. 100만 개 중에서 두 번째로 많이 쓰이므로, 얼마나 많이 쓰일지 아시겠지요? 거의 모든 문장에 나온다고 해도 과언이 아닐 것입니다. 이렇게 많이 쓰이는 단어 'of'는 여러분이 알고 있는 것처럼 '전치사'입니다.

그럼, 여러분은 'of'의 뜻을 제대로 알고 있나요?

**'of'의 뜻을 '~의'로 알고 계신다면,
여러분은 영어를 다시 배우셔야 합니다!!!**

다음 한글 문장을 보시기 바랍니다.

"나는 읽는다. 책(을) 바닥 위에 거실의 그의 집의"

위 한글이 정확히 뭘 의미하는지 한눈에 들어오시나요? 한글인데도 참 이해하기 쉽지 않습니다. 이것은 다음 영어 문장을 직독직해로 표현해 놓은 것입니다.

I saw a picture on the floor of the living room of his house.

위 문장에서 'on'을 '~위에', 'of'를 '~의'로 알고 있으면, 위 문장을 절대로 좌에서 우로 이해할 수가 없습니다. 다시 해석해 봅시다.

I saw a picture on the wall of the living room of his house.

[의역] 나는 그의 집의 거실 벽 위에 있는 그림을 봤다.

I saw a picture on the wall of the living room of his house.

[직역1] 나는 봤다 / 그림을 / 벽 위에 / 거실의 / 그의 집의 (???)

I saw a picture on the wall of the living room of his house.

[직역2] 나는 봤다 / 그림을 / 그의 집의 거실의 벽 위에

이해가 가시나요? [의역]은 이해가 가지만, 어순을 완전히 뒤집어서 해석하므로 아무 의미가 없고, [직역1]은 직독직해로 써 놨지만 봐도 모르겠습니다. 결국 [직역2]로 이해해야 그나마 이해를 할 수가 있지만, [직역2] 역시 의역과 별반 차이가 없이 **어순을 뒤집어** 이해하게 만듭니다.

의역이던 직역이던 문장을 이해하기에 심각한 문제를 야기하고 있습니다. 그것은 바로 'of'를 '~의'로 알고, 해석하기 때문입니다. 자, 다음 문장에서 'of'를 '~의'로 해석해 보시기 바랍니다.

I am proud of you.

[의역] 나는 네가 자랑스럽다.

[직역] 나는 자랑스럽다 / 너의(???)

I think of my mother.

[의역] 나는 나의 어머니를 생각한다.

[직역] 나는 생각한다. / 나의 어머니의(???)

위의 예문들은 직역이 의역보다 훨씬 더 이해하기가 어렵습니다. 'of'는 단순한 '~의'라는 뜻이 절대로 아니며, 'of'를 단순히 '~의'라고 해석해 버리면, 어순을 뒤집어서 이해해야 하는, 심각한 **'어순문제'**가 발생합니다.

이제 'of'를 아래 명사로 이해합시다!

'of' = '관계'

즉, 'of'는 "앞단어와 뒷단어가 관계가 있다."라는 의미입니다.

다음 문장들을 다시 보시기 바랍니다.

I am proud *of* you.

[의역] 나는 너를 자랑스러워 한다.

[순역] 나는 자랑스러워 한다. (자랑스러움은) 관계가 있다.
 (관계는) 너와의 관계다.

I think *of* my mother.

[의역] 나는 나의 어머니를 생각한다.

[순역] 나는 생각한다. (생각하는 것은) 관계가 있다.
 (관계는) 나의 어머니와의 관계이다.

The chair is made *of* wood.

[의역] 의자는 목재로 만들어진다.

[순역] 의자는 만들어진다. (만들어진 재료는) 관계가 있다.
 (관계는) 목재와의 관계다.

I saw a picture on the wall *of* the living room *of* his house.

[의역] 나는 그의 집의 거실의 벽 위에 그림을 보았다.

[순역] 나는 보았다. (본 것은) 그림이다. (그림은) 표면에 있다.
 (표면은) 벽 표면이다. (벽은) 관계가 있다.
 (관계는) 거실과의 관계이다. (거실은) 관계가 있다.
 (관계는) 그의 집과의 관계이다.

좀 길더라도 이렇게 순독순해로 이해하려고 해야 합니다.

또 순독순해가 정말 좋은 이유는 이것에 익숙해지면, 말로 설명하면서 이해하는 것이 아니고, 눈으로 읽으면서 바로 이해가 됩니다. 안 될 것 같으세요? 믿어 보세요!!!

그리고 앞 문장에서 "in the living room in his house"가 아니고, "of the living room of his house"인 이유는 무엇일까요?

(--) www.TNTenglish.com 공개강의 참조 – 책에서 다루기는 장황하고, 사족에 해당하는 듯하여, 몇몇 항목은 홈페이지의 공개강의 설명으로 대체합니다.)

여러분 주변에 있는 어떤 영어책이라도 꺼내 보세요. 그리고 거기서 'of'를 찾아보세요. 다음과 같은 부분을 찾아 봅시다.

'단어1' + of + '단어2'

이제 해석은 순독으로 다음과 같이 해 보세요.

"단어1은 관계가 있다. (관계는) 단어2와의 관계이다."

거의 모든 경우에 어순을 뒤집지 않고, 자연스럽게 '단어1'에서 '단어2'로 이해가 갈 것입니다.

"보증합니다!"

A   of   B

CHAPTER 08 100만 대군 행동대장

이제는 'to'에 대해서 이야기해 봅시다. 왜 '행동대장'이라는 표현을 사용한 것인지는 'to'의 고급의미를 배우면, 이해가 되실 것입니다. 일단 여기서는 'to'의 기초의미부터 보겠습니다.

'to'도 단순히 '~에', '~에게' 혹은 '~로'가 아닙니다. 그럼 이 'to'는 어떤 뜻인 가요? 아래 문장들에서 'to'의 차이점들이 눈에 들어 오시나요?

She goes to middle school.

[의역] 그녀는 중학교에 다닌다.

Mom gave some money to me.

[의역] 엄마가 나에게 약간의 돈을 주었다.

He wants to drink coke.

[의역1] 그는 콜라를 마시기를 원한다.

[의역2] 그는 콜라를 마시고 싶어한다.

위의 예를 보면 'to'를 "~에, ~에게, ~로"로 해석하고, 심지어 '~를'과 같이 마구 바꾸어 가며 해석을 하고 있습니다. 심지어 [의역1]과 [의역2]는 같은 'to'임에도 서로 다르게 '~를'과 '~고'로 해석하고 있습니다.

도대체 어떤 기준으로 그렇게 해석하는 것인가요? 무엇을 기준으로 우리는 공부해야 하나요? 잘하는 선생님들이야 딱 보면 알겠지만, 배우는 학생들은 어떻게 해야 하나요?

이제 'to'의 기본 뜻부터 알아봅시다. 원어민은 'to'를 어떤 뜻으로 알고 있을까요? 이제 '조사'로 이해하지 말고, '명사'처럼 이해합시다.

'to' = "화살표, 목표"

이러한 뜻으로 아래 문장들을 '순독순해'로 설명하겠습니다.

Bus to Busan.

[의역] 부산 가는 버스

[순역1] 버스 --> 부산

[순역2] 버스는 목표로 한다. (목표는) 부산이다.

She goes to middle school.

[의역] 그녀는 중학교에 다닌다.

[순역] 그녀는 간다. (가는 것은) 목표로 한다. (목표는) 중학교이다.

He drove a car to Seoul.

[의역] 그는 서울로 차를 몰았다.

[순역] 그는 몰았다. (몰고 간 것은) 차다. (차는) 목표로 한다. (목표는) 서울이다.

Mom gave some money to me.

[의역] 엄마가 나에게 약간의 돈을 주었다.

[순역] 엄마가 주었다. (준 것이) 돈이다. (돈은) 목표로 한다. (목표는) 나다.

순역을 보면 엄마가 돈을 주었고, 돈이 나에게 오기 때문에, 화살표의 의미를 가진 'to'로 표현한 것입니다. 여러분도 이렇게 화살표로 무언가를 느끼는 경우, 단지 'to'를 사용하면 됩니다.

누군가에게 편지를 쓸 때, 맨 첫 줄에 다음과 같이 쓰지 않나요?

To Julia

이것을 "Julia에게"라는 뜻으로 썼겠지만,

이제, 그림처럼 편지가 Julia에게 가는 것으로 보이지 않나요?

Julia

PART 09

두 번째 날개, 10MW

CHAPTER 01 적군에서 아군으로!

CHAPTER 02 10 Magic Words 테이블

CHAPTER 03 10분 만에, 영어실력 100배로 확장하기

CHAPTER 01 적군에서 아군으로!

지금까지 계속 전치사 얘기를 했고, 이 전치사가 어순을 뒤집게 만드는 가장 큰 원인 중에 하나라고 했습니다. 그래서 **전치사를 명사화해서 순독순해로 어순을 극복 하자는 것이 핵심**이었습니다.

이런 전치사를 명사화하여 자신의 것으로 만들면, 그때부터는 그렇게 우리를 괴롭혔던 어순문제를 해결할 뿐만이 아니고, 이 전치사들이 우리의 아군이 되어 영어의 두 번째 날개를 달아줄 것입니다. 그러나,

TNT영어는

단순히 전치사 몇 개를 영어어순대로 이해하려는 것을 목표로 하는 것이 아닙니다.

여러 가지 어순을 뒤집게 만드는 요인들(조동사, 부정사, 분사, 관계사, 숙어……) 중에서 전치사는 어순문제에 있어 단지 하나일 뿐입니다.

전치사 몇 개를 정복한다고 해서 영어가 유창해지거나, 마스터되는 것은 아닙니다.

영어떼기를 하기 위해서
가장 먼저 극복해야 하는 부분이 전치사이므로
먼저 설명하는 것뿐입니다.

저 앞부분에서 봤던 표를 다시 한 번 봅시다. 100만 개의 단어 중에서 **가장 많이 쓰이는 단어 30개**를 모아 놓은 표입니다. 기억나시죠?

No.1	the	No.11	that	No.21	this
No.2	of	No.12	or	No.22	an
No.3	and	No.13	it	No.23	by
No.4	to	No.14	as	No.24	not
No.5	a	No.15	be	No.25	but
No.6	in	No.16	on	No.26	at
No.7	is	No.17	your	No.27	from
No.8	you	No.18	with	No.28	I
No.9	are	No.19	can	No.29	they
No.10	for	No.20	have	No.30	more

이제 여러분은 몇 개의 단어를 알고 계시나요? 아직도 30개 모두를 알고 있다고 생각하시나요?

"of, to, on"은 일부분 설명을 드렸으니, 좀 아신다고 생각할 수 있고, 나머지는 어떠신가요?

이제 위 단어들을 품사별로 구분해 보겠습니다.

조동사 1개, 부사 2개, 접속사 3개, 관사 3개, 동사 4개, 대명사 7개, **전치사 10개**

100만 개의 단어 중에서, 가장 많이 쓰이는 단어 30개 안에 전치사가 무려 10개입니다.

한국사람이 영어가 안 되는 원인 중에 하나가 바로 이것 때문입니다.

100만 개의 영어단어 중에서, 최고로 많이 쓰이는 단어 30개 중에, 무려 전치사가 10개인데,

그 뜻을 제대로 아는 것이 거의 없이, 죽어라 외우기만 하는 영어가, 바로 대한민국 영어의 현실입니다.

그것도 거꾸로 이해하는 공부를 수년, 수십 년을 하고 있으니, 영어가 되겠습니까?

"제일 만만한 놈이 제일 골치군."

CHAPTER 02 10 Magic Words 테이블

이 장에서 소개하는 10MW의 뜻은 초급자를 위한 것입니다. 즉, 영어떼기를 하기 위한 수준으로 낮추어 설명드리고, 중급자, 고급자를 위한 10MW는 **"누구나 되는 영어 TNT – 고급편"** 책에서 다루어질 예정입니다.

그러나 이 책에서 다루는 10MW의 뜻만으로도 여러분이 고통스러워하던, 읽기/쓰기/듣기/말하기가 비약적으로 향상됨을 알게 될 것입니다.

10MW	의미
of	관계
to	화살표, 목표, 행동
for	목적
at	포인트, 장소
on	표면, 발생
in	안
by	옆, 힘
as	비슷
from	출발
with	함께

CHAPTER 03   10분 만에, 영어실력 100배로 확장하기

여러분이 알고 있는 단어는 몇 개나 되나요?

백 개? 이백 개? 천 개쯤? 아니 만 개? 여러분이 몇 개를 알고 있건 간에, 여러분이 구사할 수 있는 영어문장을 100배 이상으로 확장해 드리겠습니다. 극단적으로 누군가 명사 10개 동사 10개를 알고 있다고 가정합시다. 그러면 몇 문장이나 만들 수 있을까요?

먼저, 영어의 문장은 "주어 + 동사 + 목적어순"이 되므로, 주어나 목적어 자리에는 명사가 올 수 있어서 다음과 같이 계산이 됩니다.

주어(명사10개) x 동사(10개) x 목적어(명사10개) = 1,000

1,000문장의 1/10 => 100문장

위의 설명처럼 명사 10개, 동사 10개를 알고 있는 사람은 1,000개의 문장을 만들 수는 있지만, 여기서 문맥이 어색하고, 잘못된 문장들이 많이 있기 때문에, 1/10로 줄여야 합니다. 그러면 대략 100가지 문장을 만들 수 있다고 보시면 됩니다. 이제 여러분이 10 Magic Words, 10개를 정확히 안다고 가정해 봅시다, 그러면 계산이 다음과 같이 됩니다.

< 10MW 1회 적용 >

명사(10) x 동사(10) x 명사(10) x 10MW x 명사(10) = 100,000

100,000의 1/10 => 10,000문장

⟨ 10MW 2회 적용 ⟩

명사(10) x 동사(10) x 명사(10) x 10MW x 명사(10) x 10MW x 명사(10)
= 10,000,000문장의 1/10 => 1,000,000문장

그렇게 우리를 괴롭히던 전치사 10개를 잘 이해해서, 10MW로 만드는 순간, 여러분의 영어실력은 100배, 1,000배로 확장됩니다. 이것은 단순히 숫자놀음 같지만, 전치사를 이용한 문장의 확장이 이렇게 무수히 많이 발생할 수 있다는 것을 보여 주기 위한 것이고, 이렇게 무수히 확장되는 문장을 어떻게 하나하나 암기로 극복하겠습니까? 위에서 보시다시피, 단 20개의 단어를 아는 사람이 100만 문장을 만들 수 있다면, 이것이야 말로 **'기적'** 아닌가요?

그래서 10MW가

"Magic Words"입니다.

앞에 나온 10MW 표를 넉넉잡고 10분간만 외워 보세요. 그러면 여러분의 영어실력은 날개를 달게 됩니다.

"두 번째 날개 – 10MW"

PART 10

10MW 정리

CHAPTER 01 Of – 관계

CHAPTER 02 To – 화살표, 목표, 행동

CHAPTER 03 For – 목적

CHAPTER 04 At – 포인트, 장소

CHAPTER 05 On – 표면, 발생

CHAPTER 06 In – 안

CHAPTER 07 By – 옆, 힘

CHAPTER 08 As – 비슷

CHAPTER 09 From – 출발

CHAPTER 10 With – 함께

CHAPTER 11 수준별 10MW

CHAPTER 12 생각을 표현하는 방법

CHAPTER 13 ROS with 10MW

CHAPTER 14 단어를 몰라도 문장 만들기

CHAPTER 01 Of – 관계

누구나 시간을 표시할 때, 숫자 뒤에 'o'clock'을 사용합니다. 그러나 'o'clock'이 "of the clock"의 줄임말인 것을 아는 사람은 많지 않습니다. 왜 시간을 표시할 때, 'of'를 사용할까요?

3 o'clock

3 of the clock

[순역] 3 + 관계 + 시계

[순역] 3은 관계가 있다. (관계는) 시계와의 관계이다.

He fixed the roof of my house.

[의역] 그는 나의 집의 지붕을 고쳤다.

[순역] 그는 고쳤다. (고친 것은) 지붕이다.
       (지붕은) 관계가 있다. (관계는) 나의 집과의 관계다.

This is the solution of the problems of this city.

[의역] 이것은 이 도시의 문제들의 해결책이다.

[순역] 이것은 해결책이다. (해결책은) 관계가 있다.
       (관계는) 문제들과의 관계이다. (문제들은) 관계가 있다.
       (관계는) 이 도시와의 관계이다.

다음 문장이 무슨 뜻일까요?

A cup of coffee

"누굴 무시하는 것도 아니고… 당연히 '한 잔의 커피' 아니야?"라고 생각할 것입니다. 맞습니다. 위 문장은 누구나 다 알고, 간단하고, 쉬운 표현입니다. 그럼 이것이 정말 그렇게 쉬운 표현 일까요?

왜 "한 잔의 커피"라고 표현 할 때 위와 같이 쓸까요?

"원래 그런 거야, 그러니 그냥 외워!"라고 말하는 분이 있을지 몰라도, "a cup of coffee", 이 문장을 이해하는 것이 얼마나 중요한지 지금부터 알아 보겠습니다.

말하고자 하는 핵심은 영어에서 무언가를 용기에 담아 표현할 때, 수없이 많은 단어 중에서 하필 'of'를 사용하는지 알아보자는 것입니다. "잉???"

"그럼, 지금까지 살아오면서 수많은 단어 중에 왜 'of'를 사용하는지, 한 번도 생각해 보지 않으셨어요?"

여러분이 "a cup of coffee"를 단순히 외워서 알고 있다면, 동일한 형태인 아래 문장이 무슨 뜻인지 이해할 수가 없을 것입니다.

A family of 4
"가족의 4" (???)
"4의 가족" (???)

이 문장이 무슨 뜻일까요? 이 뜻을 알아보기 전에 "a cup of coffee"를 좀 진지하게 이해해 보겠습니다. 기존의 방식이 아닌 순역의 방식으로 이해해 보면,

한 잔 + 관계 + 커피

"한 잔은 커피와 관계가 있다."라는 의미입니다. 즉, 잔과 커피가 단순히 함께 있는 것이 아니고, 하나로 뭉쳐 기능한다는 의미가 내포되어 있는 것입니다. 만일 단순히 잔과 커피가 함께 있는 상황이라면 아래와 같이 표현해야 합니다.

A cup with coffee

그러나 우리가 마시는 커피는 "a cup of coffee"라고 표현합니다. 'cup'과 'coffee'가 하나로 기능한다는 의미이고, 하나로 기능하기 위해서는 당연히 잔 안에 커피가 들어가 있어야 하는 것이므로, "커피가 들어 있는 잔"을 의미합니다.

A cup of coffee

그럼, 다음 그림은 어떻게 표현해야 할까요?

(???)

다시 본론으로 돌아와서 "a family of 4"가 "4의 한 가족"이나 "한 가족의 4"라는 뜻이 아니고, 아래와 같은 뜻이라는 것을 이해하셔야 합니다.

A family of 4

하나의 가족 + 관계 + 4

"하나의 가족이다. (가족은) 관계가 있다.

(관계는) 숫자 4와 관계가 있다."

=> "한 가족 안에 4명이 들어있다." => "4인 가족"

"a cup of coffee"가 아주 단순한 문장이지만, 이것을 정확히 이해하기는 쉬운 문제가 아닙니다. 만약에 이런 원칙을 이해하신다면, 여러분은 평생, 단 한 번도 사용해 보지 않은 표현이나 문장을 이해하고 사용할 수 있습니다. 그러나 무조건 암기로 배운 사람은 본인이 아는 것만 사용할 수 있겠죠.

아직도 "a lot of money"가 단순히 "많은 돈"으로만 보이시나요?

왜 "a lot of"가 '많은'이라는 뜻이 되었을까요?

왜 "a lot of"는 'many'나 'much'와는 다르게, 셀 수 있는 명사, 셀 수 없는 명사, 모두의 앞에 사용할 수 있을까요?

(--) www.TNTenglish.com 공개강의 참조)

지금까지 설명한 개념을 기반으로 아래 문장들을 보시면, 한결 쉽게 다가올 것입니다. 그리고 이런 유사한 형태의 문장을 얼마든지 만들어 낼 수 있는 힘이 생길 것입니다.

A bucket of water   A pack of beer

A ball of string   A dozen of pencils

A group of students   A basket of bread

A swarm of bees   A drum of oil

A can of Coke   A herd of cattle

A bag of potatoes   A box of money

A carton of milk   A bowl of soup

A bottle of water   A gallon of gasoline

"This dog is a bag of bones!" – Simpson

CHAPTER 02 To – 화살표, 목표, 행동

To the right!

[의역] 오른쪽으로!

[순역] 목표는 오른쪽!

She drove a car to the park.

[의역] 그녀는 공원으로 차를 몰았다.

[순역] 그녀는 몰고 갔다. (몰고 간 것은) 차이다.
(차는) 목표로 한다. (목표는) 공원이다.

Listen to the sound from the tree!

[의역] 나무에서 흘러나오는 소리를 들어봐라!

[순역] 들어라. (듣는 것은) 목표이다. (목표는) 그 소리이다.
(소리는) 출발한다. (출발한 곳은) 나무이다.

I went to the park to see you.

[의역] 나는 너를 보려고 공원에 갔다.

[순역] 나는 갔다. (가는 곳은) 목표로 한다. (목표는) 공원이다.
(간 것은) 행동하기 위해서다.
(행동은) 보는 것이다. (보는 것은) 너다.

CHAPTER 03 For – 목적

She waited for him.

[의역] 그녀는 그 남자를 기다렸다.

[순역] 그녀는 기다렸다. (기다린 것은) 목적이 있다.
(목적은) 그 남자다.

Let's go for a walk.

[의역] 산책하러 갑시다.

[순역] 합시다, 갑시다.
(가는 것은) 목적이 있다. (목적은) 산책이다.

I have a present for you.

[의역] 나는 너를 위한 선물을 가지고 있다.

[순역] 나는 가지고 있다. (가지고 있는 것은) 선물이다.
(선물은) 목적으로 한다. (목적은) 너다.

They go to the store for bread.

[의역] 그들은 빵을 위해 가게에 갔다.

[순역] 그들은 간다. (가는 것은) 목표로 간다. (목표는) 가게다.
(가는 것은) 목적이 있다. (목적은) 빵이다.

CHAPTER 04 At – 포인트, 장소

He looks at birds.

[의역] 그는 새들을 본다.

[순역] 그는 본다. (보는 것은) 포인트다. (포인트는) 새들이다.

He aimed a gun at a deer.

[의역] 그는 사슴에게 총을 겨누었다.

[순역] 그는 겨누었다. (겨눈 것은) 총이다,
 (총은) 포인트를 가리킨다. 포인트는 사슴이다.

I met her at the station.
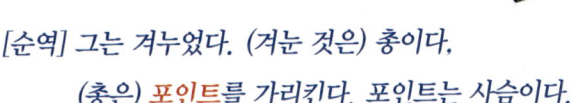

[의역] 나는 정거장에서 그녀를 만났다.

[순역] 나는 만났다. (만난 것은) 그녀다, (그녀는) 장소에 있다.
 (장소는) 정거장이다.

Julia smiled at Tony at school.

[의역] Julia는 학교에서 Tony에게 미소 지었다.

[순역] Julia는 미소 지었다. (미소는) 포인트로 간다,
 (포인트는) Tony이다, (Tony는) 장소에 있다, (장소는) 학교다.

일반적으로 'smile' 다음에는 방향을 나타내는 'to'가 많이 옵니다. 미소를 보내면, 받는 대상이 와야 하기 때문입니다.

그러나 위의 경우 'at'을 썼기 때문에, 콕 집어서, 포인트로 찍어서 미소를 보낸 것이기 때문에, Julia가 Tony에게 특별한 의도를 가지고 미소를 보냈다는 뜻이 될 수 있습니다.

아래 두 문장 중에 하나는 싸움이 발생할 수 있는 상황입니다. 어느 것이 그런 상황일까요?

Tony threw a ball to Julia.

Tony threw a ball at Julia.

첫 번째 문장은 Tony가 Julia에게 공을 받으라고 던진 상황이고, 두 번째 문장은 'at'을 써서 '포인트'로 겨누어 던진 것으로, Tony가 Julia를 공으로 맞추기 위해 던졌다고 이해할 수 있습니다. 'to'와 'at'의 정확한 차이를 알아야 이해할 수 있는 문장입니다.

"빨리 도망가야 합니다!"

어느 문장이 도망가야 하는 상황일까요?

1) A dog is running to me.
2) A dog is running at me.
    (--〉 www.TNTenglish.com 공개강의 참조)

CHAPTER 05 On – 표면, 발생

I played on the beach.

[의역] 나는 해변에서 놀았다.

[순역] 나는 놀았다. (논 곳은) 표면이다.
       (표면은) 해변의 표면이다.

She drew flowers on the wall of the church.

[의역] 그녀는 교회의 벽 위에(???) 꽃을 그렸다.

[순역] 그녀는 그렸다. (그린 것은) 꽃이다. (꽃은) 표면에 있다.
       (표면은) 관계가 있다. (관계는) 교회와의 관계이다.

I go to church on Sunday.

[의역] 나는 일요일에 교회에 간다.

[순역] 나는 간다. (간 것은) 목표로 간다. (목표는) 교회다.
       (간 날은) 일요일이다.

'날' 앞에는 'on'을 쓴다고 외우셨죠? '날' 앞에 'on'을 쓰는 것은 어느 날 영어 위원회가 모여서 정한 것이 아니고, **'발생'**의 의미를 '날', '날짜', '요일' 등이 가지고 있기 때문입니다. "밤이 지나고, 새로운 **날, 날짜, 요일**이 발생한다."라는 의미입니다. 그래서 '날'을 표현할 때 'on'을 쓰는 것입니다.

CHAPTER 06 In – 안

We walked in the park.

[의역] 우리는 공원에서 산책했다.

[순역] 우리는 산책했다. (산책한 곳은) 안이다. (안은) 공원 안이다.

He found gold coins in a box.

[의역] 그는 상자 안에 있는 금화들을 찾아냈다.

[순역] 그는 찾아냈다. (찾은 것은) 금화들이다. (금화들은) 안에 있다. (안은) 상자 안이다.

I was born in July in Busan.

[의역] 나는 부산에서 7월달에 태어났다.

[순역] 나는 이런 상태였다. (상태는) 태어나진 상태였다. (태어난 것은) 안에서이다. (안은) 7월 안이다. (태어난 것은) 안에서이다. (안은) 부산 안이다.

아래 괄호 안에는 무엇이 들어갈까요?

My son was born on the 27th (   ) Feb.

정답이 'in' 이라고 생각하셨죠? 아닙니다.

(--〉 www.TNTenglish.com 공개강의 참조)

CHAPTER 07 By - 옆, 힘

He stood by the car.

[의역] 그는 차 옆에 서 있었다.

[순역] 그는 서 있었다. (서있는 곳은) 옆이다.
(옆은) 차 옆이다.

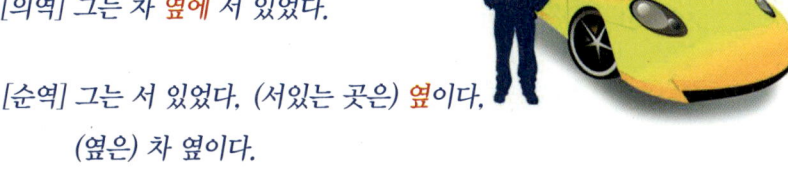

We enjoyed a picnic by a tree by a pond.

[의역] 우리는 연못 옆에 나무 옆에서 소풍을 즐겼다.

[순역] 우리는 즐겼다. (즐긴 것은) 소풍이다. (소풍은) 옆에서였다.
(옆은) 나무 옆이다. (나무는) 옆에 있다. (옆은) 연못 옆이다.

A ball was thrown by a boy.

[의역] 공은 소년에 의해 던져졌다.

[순역] 공은 이런 상태였다. (상태는) 던져진 상태다.
(던져진 것은) 힘에 의해서다. (힘은) 소년의 힘이다.

대부분의 영어책은 커버에 "by 이름"라고 써서 저자를 밝힙니다. 여기서 'by'는 무슨 의미일까요? 그 뜻은 바로 "이 책은 이 사람의 힘으로 쓰인 것이다."라는 의미입니다.

"By Ray" - "Ray의 힘으로 쓰인 책"

CHAPTER 08　As – 비슷

You are smart as me.

[의역] 너는 나처럼 똑똑하다.

[순역] 너는 똑똑하다, (똑똑한 것은) 비슷하다, (비슷한 것은) 나다.

He is tall as me.

[의역] 그는 나만큼 키가 크다.

[순역] 그는 키가 크다, (큰 것은) 비슷하다, (비슷한 것은) 나다

He was running fast as me.

[의역] 그는 나만큼 빨리 달리고 있었다.

[순역] 그는 이런 상태였다, (상태는) 달리고 있는 상태다, (달리는 것은) 빨리 달린다, (빠른 것이) 비슷하다, (비슷한 것은) 나다.

When in Rome, do as the Romans do.

[의역] 로마에서는 로마법을 따라라!

[순역] 때는 안에서, (안은) 로마 안에서, 행동해라 비슷하게, (비슷한 것은) 로마사람들이 하는 것과 비슷하게 이다.

CHAPTER 09　From – 출발

From head to foot

[의역] 머리부터 발끝까지

[순역] **출발**이 머리이다. **목표**는 발이다.

I am from Italy.

[의역] 나는 이탈리아 **출신**이다.

[순역] 나는 이런 상태다. (상태는) **출발**한다. (출발은) 이탈리아다.

I borrowed 100 dollars from him.

[의역] 나는 그에게서 100달러를 빌렸다.

[순역] 나는 빌렸다. (빌린 것은) 100달러이다.
(100달러는) **출발**한다. (출발한 곳은) 그다.

I have a letter from Korea to you.

[의역] 나는 한국에서 너에게 온 편지를 가지고 있다.

[순역] 나는 가지고 있다. (가진 것은) 편지이다.
(편지는) **출발**한다. (출발은) 한국이다.
(편지는) 목표로 한다. (목표는) 너다.

CHAPTER 10 With – 함께

I jogged with my dog.

[의역] 나는 나의 개와 조깅했다.

[순역] 나는 조깅했다. (조깅은) 함께 한다.
 (함께 하는 것은) 나의 개이다.

I love a girl with long hair.

[의역] 나는 긴 머리를 가진 소녀를 사랑한다.

[순역] 나는 사랑한다. (사랑하는 것은) 소녀이다.
 (소녀는) 함께한다. (함께하는 것은) 긴 머리이다.

He pounded a nail with a hammer.

[의역] 그는 망치로 못을 박았다.

[순역] 그는 두드렸다. (두드린 것은) 못이다.
 (두드린 것은) 함께 한다. (함께 한 것은) 망치다.

I went to Seoul with my friend.

[의역] 나는 친구와 서울에 갔다.

[순역] 나는 갔다. (가는 것은) 목표로 한다. (목표는) 서울이다.
 (가는 것은) 함께이다. (함께한 것은) 나의 친구다.

CHAPTER 11 수준별 10MW

앞에서의 예처럼 10MW는 단순한 기능을 하는 단어들이 아닙니다. 우리를 고통스럽게 했던 칼날이 이제는 우리의 칼이 되어, 여러분의 영어 실력에 날개를 달아 주는 아주 고마운 존재입니다.

그러나, 다시 한 번 강조하지만, 여기에 나온 10MW는 아주 기초 수강생을 위한 내용으로, 의미의 확장 부분은 다루지 않고 있습니다. 예를 들어 'to'의 원초적인 뜻은 화살표입니다. 그러나 이것이 세월이 가고, 지적 수준이 올라감에 따라서 '목표'라는 뜻으로 확장됩니다. 그러다 더욱 세월이 흐르면서, 다시 '행동'으로 확장이 됩니다.

이러한 것은 언어도 생물체와 같아서, 세월이 가면서 자꾸 진화를 하기 때문입니다. 같은 단어일지라도 지적 수준이 올라가면서, 다양한 뜻으로 분화되어 사용되기 때문입니다. 그래서 사전에서 'to'를 찾아보면, 수많은 뜻이 나열되어 있는 이유이기도 합니다.

이 책에서 소개하는 10MW는 이렇듯 무수히 많은 뜻을 분석하고 분리하여, 초급, 중급, 고급자가 알아야 할 의미로 재해석하여 정리한 것입니다.

그러므로 자신의 수준에 맞추어 각 단어의 공부 수준을 결정하시면 됩니다.

'To' 기초의미: 화살표

To Busan.

'To' 기본의미: 목표

He drove a car to the tree.

'To' 고급의미: 행동

She wants to meet him.

여러분의 수준이 낮으면 기초적인 의미만 이해하시면 되고, 수준이 좀 있으면 기초의미뿐만이 아니고, 기본의미나, 고급의미를 한꺼번에 이해하셔도 됩니다. 그러나 가능하면 기초의미 => 기본의미 => 고급의미 순서대로 이해하고, 체득화해 나가는 것이 좋습니다.

참고로, 이 책은 TNT방법론의 소개편이므로 10MW의 기초적인 의미에 포커스가 맞추어져 있고, 기초의미 위주로 설명해 나갑니다.

"기초의미, 기본의미, 고급의미"

CHAPTER 12 생각을 표현하는 방법

연결하는 훈련을 본격적으로 하기 전에, 먼저 생각을 표현하는 방법에 대해서 잠깐 알아보고 갑시다. 아래와 같은 질문을 받았다고 가정합니다.

"어디에 가고 있나요?"

여러분은 지금 학교에 가고 있는 상황입니다.

다음과 같이 말한다고 가정합시다.

"학교에 갑니다."

그러면 여러분은 대답을 하기 위해 가장 먼저 생각나는 단어가 무엇인가요? '학교'인가요? 아니면 '학교에' 인가요? 그것도 아니면, '~에'를 생각하시나요?

대부분의 사람들은 '학교'를 처음에 생각할 것이고, 그런 다음 아래와 같이 말할 것입니다.

"학교 + 에 + 갑니다."

이렇듯 **한글**의 어순은, 즉각적으로 생각나는 단어를 표현하고, 부연 설명을 위해 단어('~에')를 붙여서 설명해 나갑니다.

영어를 사용하는 원어민은 어떨까요? 같은 상황에서 어떤 단어를 가장 먼저 생각할까요? 'school', "to school", 'to'

경우에 따라 좀 다르겠지만, 원어민의 경우 'school' 혹은 "to school"을 생각하게 됩니다. "to school"이 생각난 경우에는 바로 표현하면 되겠지만, 'school'이 생각난다고 하더라도 'school'을 바로 표현하지 않고, 'to'를 붙여서 아래와 같이 표현합니다.

여기서는 'to'를 먼저 생각하는지, 'school'을 먼저 생각하는지는 혹은 'to'와 'school'을 동시에 생각하는지는 중요하지 않습니다.

중요한 점은 **표현하고자 하는 핵심을 즉각적으로 표현하지 않는다는 것입니다.** 그 단어를 표현하기에 앞서 상황을 파악하고, 상황에 맞는 적절한 부가정보를 먼저 표현하고 나서, 생각했던 단어를 붙여서 설명한다는 것입니다.

즉, 생각을 표현하는 방식이 우리와는 완전히 다르다는 것을 알아야 합니다.

우리가 영어로 생각하는 사고를 구축하기 위해서는, 생각나는 단어나 상황을 바로 표현하는 것이 아니고, 그에 앞서, 한 번 정리하는 **'선행처리'**과정이 필요한 것입니다.

한글의 경우에도 "학교에 갑니다."라고 말하는 것이 일반적이지만, 핵심단어가 '학교'일지라도, 상황에 따라, 아래와 같이 선행처리 과정을 거쳐 표현하기도 합니다.

"나는 학교에 갑니다."

읽기의 경우 써 있는 대로 읽어 나가면 되지만, 쓰기나 말하기의 경우에 생각나는 단어를 바로 표현하게 되면, 어순이 꼬이고 잘못된 영어가 되는 것입니다. 그러므로 표현하기에 앞서 이 선행처리 단계를 거친 이후에 표현해야 하는 것입니다.

선행처리 과정은 특별한 기술이나 방법이 있는 것이 아닙니다. 단지 생각나는 단어를 표현하기에 앞서, 잠깐, 아주 잠깐 동안, **부가정보를 찾는 시간**을 가지면 되는 것입니다.

처음에는 이 시간이 매우 길지만, 점점 그 시간이 줄어, 표현하고자 하는 단어가 생각나는 것과 동시에 처리가 이루어지게 됩니다.

결론적으로 생각을 바로 표현하지 않고, 선행처리 단계를 거치려면,

"절대로 서둘러서는 안 됩니다."

가능하면 차분하게 표현하려고 노력해야 합니다. 급하게 말하려고 하면, 이 선행처리 단계가 없어지거나, 꼬여서, 생각나는 단어들이 마구 쏟아져 나와, 정확한 영어를 구사할 수 없게 됩니다. **마음의 여유를 가지고, 차분히 생각하면서, 천천히 말하다 보면, 어느새 여러분은 선행처리 단계가 자연스러워지게 되고, 짧아지게 되는 것입니다. 그렇게 수준이 올라가면서 여러분은 자연스런 영어를 구사할 수 있게 되는 것입니다.** 그때, 여러분은 비로소 영어로 생각하고, 표현하는 기술을 터득하게 되는 것입니다.

이 선행처리 과정을 훈련하지 않고, 빨리 말하는 훈련만 하게 되면, 연습한 문장은 빨리 말할지 몰라도, 다양한 문장을 조합하여, 자연스럽게 말하는 기술은 터득할 수가 없게 됩니다.

특히 원어민과 대화할 경우에, 이 과정은 더욱 중요합니다. 여러분이 외운 문장을 빨리 말하면, 원어민은 여러분의 수준이 높은 것으로 착각을 하게 됩니다. 그래서 여러분의 수준에 맞추려고, 더 빨리 말하고, 더 수준 높은 단어나 표현을 사용하게 됩니다. 그러면 여러분은 당황해서, 알고 있던 영어도 까먹고 버벅거리게 됩니다.

천천히 말하다 보면, 수준이 높아져, 빨리 말하게 되는 것이지, 빨리 말하기를 연습한다고, 수준이 높아지는 것은 아닙니다.

여러분이 아무리 천천히 말한다 하더라도, 욕하거나 비난하는 원어민은 없습니다. 단지 여러분이 영어에 익숙하지 않다는 것을 이해하고, 여러분 수준에 맞추어 대화하려고 노력할 것입니다.

빨리 말하면서, 어순을 틀리는 것보다, 천천히 로봇처럼 말해도, 정확한 어순으로 표현하는 것이 100배는 더 중요합니다.

대학생이 유치원생과 대화할 때, 서로 대화가 안 된다면, 책임은 대학생에게 있는 것이지, 유치원생에게 있는 것이 아닙니다. 그러므로 대화를 하기 위해서, 대학생은 유치원생의 수준에 맞추어 말하려고 노력할 것입니다. 이와 마찬가지로 원어민도 여러분 수준에 맞추어 말하려고 노력할 것입니다.

그러니 여러분!

**원어민을 만나도 절대 쫄지 맙시다!
원어민은 여러분을 절대 잡아먹지 않습니다!**

"영어는 천천히 생각하며 말해야 한다."

CHAPTER 13 ROS with 10MW

이제 달려 봅시다! 10MW를 알았으니, 마구마구 달려봅시다.

아무 단어나 하나 생각합니다. 그리고 '10MW+명사'로 계속 연결해서 문장을 만듭니다. 아래 예에서는 'birds'를 기준으로, 다음 단어인 'tree'를 생각한 다음, 'birds'와 'tree'의 관계를 적절히 생각(선행처리)하여 연결합니다. 이런 식으로 다음 단어 'tree'를 기준으로 같은 과정을 반복합니다. 언제까지? 머리 속에서 어떤 단어가 떠오르면, 이와 관련된 10MW가 팍팍 튀어나올 때까지.

> Birds + in the tree + by the lock + at the lake + in the forest + with a lot of animals + to find seeds + for their babies + in the nest + in the cave + with bats ············

위와 같이 문장을 끊임없이 계속이어서 만드는 것을 **ROS**(Run On Sentence)라고 합니다. 원어민은 이런 ROS를 만들면 안 된다고 배웁니다. 너무 많은 내용이 들어가 있어, 의미가 부정확하고, 이해하기 어렵기 때문입니다.

이것은 주로 체계적인 어법을 배우지 못한 원어민 아이들이 문장을 만들 때, 많이 나타나는 현상이기도 합니다. 원어민 아이들도 정교한 어법을 배우기 전까지는, 위와 같은 표현을 많이 하다가, 점점 정교해지고, 정확해지는 것입니다.

원어민은 문장을 정교하고, 정확하게 표현하는 방법을 배워야 하기 때문에,

ROS(Run On Sentence)를 하지 말라는 것이고,

우리의 경우는 아직 연결하는 힘이 없으므로, **ROS를 연습해서, 연결하는 힘을 길러야 하는 것**입니다. 물론 우리도, 이 과정이 끝나면 원어민처럼 ROS를 버려야 합니다.

이렇게 ROS를 훈련하면, 거꾸로 생각하는 방식을 버리게 되고, 생각을 표현하기에 앞서, 앞단어와의 관계를 생각하여 연결하는 선행처리 훈련을 하게 되므로, 영어를 자연스럽게 연결하여 표현하고자 한다면 반드시 연습해야 합니다. 이 연습이 충분할수록, 자신의 생각을 영어로 표현하는 것이 편해지고 쉬워집니다.

지금은 오직 10MW만을 알고 있으니, 10MW로 연결하는 연습만 하시면 됩니다. 이때,

문법적인 오류나, 의미상의 문제가 있다고 하더라도, 개의치 마시고, 계속 연결해 나가야 합니다.

오로지 "앞단어+10MW+뒷단어"의 의미가 통하는지에 대해서만 관심을 가지시면 됩니다.

이렇게 ROS를 연습함으로써, **아주 긴 문장도 자연스럽게 만들 수 있게 되는 것입니다.** 영어를 잘하는데, 긴 문장을 못 만드시는 분은 반드시 이 ROS 훈련이 필요합니다. 며칠 만에 놀라운 실력향상을 느끼실 것입니다.

그러나 주의할 점은, 반드시 10MW을 확실히 공부하시고, 연습하셔야 합니다!

"단어의 연결 훈련 – ROS"

CHAPTER 14 단어를 몰라도 문장 만들기

이게 무슨 소리인가 하겠지만, 여기서 말하는 단어는 영어단어를 말하는 것입니다. 영어단어를 많이 알아야 영어를 잘할 수 있는 것은 아니라는 것을 보여 주기 위한 내용입니다.

앞에서 했던 **ROS**(Run On Sentence) 문장을 다시 한 번 보겠습니다.

> Birds + in the tree + by the lock + at the lake + in the forest + with a lot of animals + to find seeds + for their babies + in the nest + in the cave + with bats ·················

ROS는 여러분의 생각을 영어로 잘 표현하고, 자연스럽게 만드는 훈련이라고 했습니다. 그러나 처음에 이것을 훈련할 때, 영어단어가 잘 생각이 안 나는 경향이 있습니다. 즉, 한글은 생각이 나는데, 영어단어가 생각이 안 나서, 진행을 멈추고 갑자기 벙어리가 되는 현상이 발생합니다. 회화를 하면서 그런 경험이 많았을 것입니다.

ROS를 훈련할 때, 영어단어가 생각이 안 나면, 그냥 한글단어로 표현하시기 바랍니다. 아래처럼,

> Birds + in the tree + by 바위 + at 호수 + in 숲 + with a lot of 동물들 + to find 씨앗 + on the fields + for their babies + in 둥지 + in 동굴 + with bats ·················

이렇게 표현하는 것이 좀 창피하게 느껴질 수도 있지만, **단어는 외우면 그만**인 것입니다. 그러나 아무리 많은 단어를 알아도, 연결을 못하면 의미가 없습니다.

*ROS*는 누군가에게 보여 주기 위한 훈련이 아닙니다. 또한 단어 공부를 위한 훈련도 아닙니다. 오직 자신만을 위한 훈련이고, 자신이 영어어순에 맞추어 잘 연결할 수 있도록 도와주는 훈련입니다.

그러므로 중간에 생각이 안나는 영어단어로 고민하지 마시고, 그냥 한글로 계속 이어 나가시면 됩니다. 모르는 단어에 너무 집착하지 마시기 바랍니다. 모르는 단어를 그냥 한글로 표현한다고 해서 문제가 되지 않습니다. 중요한 것은 끊어지지 않게, 계속 의미를 연결해 나간다는 것입니다.

이런 *ROS*훈련이 중요한 이유는 연결을 연습한다는 것도 있지만, 그보다 더 중요한 이유는 복잡한 생각을 한꺼번에 표현하는 것이 아니라, 생각을 나누어 부분 부분 연결하여 표현할 수 있는 힘을 기를 수 있게 만든다는 것입니다!!!

"문법이 틀려도,
의미가 좀 이상해도,
영어단어가 생각이 안 나도
계속 연결하세요!"

PART 11

숙어 유감

CHAPTER 01 숙어, 무작정 외우지 마라!

CHAPTER 02 "look at" 분석

CHAPTER 03 "listen to" 분석

CHAPTER 04 "put on" 분석

CHAPTER 05 "by the way" 분석

CHAPTER 06 "at/on/in the corner" 분석

CHAPTER 07 "nibble at/on" 분석

CHAPTER 08 "dream of" 분석

CHAPTER 09 "get on/in/off/out" 분석

CHAPTER 01 숙어, 무작정 외우지 마라!

숙어는 영어를 잘하기 위해서, 단어와 더불어 반드시 외워야 한다고 말합니다. "**숙어는 관용적인 표현으로, 단어들만 보고는 쉽게 그 뜻을 이해할 수가 없다.**"는 전제하에 단어보다도 더 암기를 강요합니다.

　　"look at" = "~을 보다"

물론 일면 타당성이 있기도 합니다. 그러나, 모든 숙어가 그 뜻을 유추하기 힘든 것도 아닙니다. **숙어를 고통스럽게 외우지 않으려면, 왜 그런 뜻으로 사용되는지를 파악하는 것이 중요합니다.** 그러기에 앞서 숙어라는 말의 의미부터 재확인해 봅시다.

숙어: 두 단어 이상이 모여서 하나의 뜻을 이루는 것.

위의 예처럼 'look'과 'at'이 모여서, 하나의 뜻인 "~을 보다"를 만들어 내는 것이고, 이를 우리는 숙어라고 합니다.

그러나 숙어는 어느 날, 누군가가 여러 단어를 묶어서 하나로 만들어 놓고, "이제 이것을 이런 뜻으로 사용합시다."라고 규칙을 만든 것이 아닙니다.

언어 속에서 단어들은 마구 조합되어 사용됩니다. 그러다 보니, 서로 잘 어울리는 단어들이 있고, 그런 모임을 사람들이 자주 사용하다 보니, 한 덩어리처럼 사용되어서, 이것이 숙어라고 불리게 된 것입니다.

즉, 여기서 중요한 점은 단어들이 같이 쓰일 때, **서로 잘 어울리는 단어들이 있다**는 것입니다. 위의 예에서 'look'과 'at'이 서로 잘 어울리기 때문에 "~을 보다"라는 뜻으로 굳어져, 하나의 숙어로 자리 잡게 되었다는 것입니다.

그러면 왜 'look'과 'at'은 서로 잘 어울릴까요? 서로 잘 어울리는 이유를 알면, 숙어를 좀 더 쉽게 이해하고 사용할 수 있지 않을까요? 그 이유를 알려면 당연히 각각의 단어의 정확한 뜻을 알아야 합니다. 앞에서 10MW를 제대로 공부했다면, 이미 여러분은 'look'과 'at'이 잘 어울리는 이유를 알 것입니다. *(=> 자세한 설명은 뒷장에……)*

또한, **'숙어'**를 무조건 외우면 이해의 방식이 한글식으로 바뀌기 때문에, 뒤에서부터 해석을 하게끔 만듭니다. 이 또한 **어순을 뒤집게 만드는 요인** 중에 하나입니다.

"숙어, 무작정 외우면, 무작정 까먹는다!"

그러므로 **숙어**를 단순히 암기의 대상이 아닌, **이해의 대상**으로 바라보아야 합니다. 패턴식으로 암기하는 숙어는 제대로 이해할 수 없을 뿐만이 아니고, 수없이 반복을 안 하면, 쉽게 잊어버리는 문제를 발생시킵니다.

"10MW을 잘 알면, 숙어도 쉽다."

CHAPTER 02 "look at" 분석

그동안 달달 외웠던 숙어 중에 대표적인 'look'과 관련된 숙어들을 좀 보겠습니다.

  look at   "~을 보다"

  look for   "~을 찾다"

  look after   "~을 돌보다"

  look into   "~을 조사하다"

  look about   "~을 둘러보다"

  look forward to "~을 고대하다" …

위와 같이 'look'과 관련된 숙어도 상당히 많습니다. 그런데 우리는 달달 외우고 있습니다. 이제 숙어도 10MW를 이용해서 순독으로 이해해 보겠습니다.

'look'과 관련된 대표적인 숙어, "look at"을 "~를 보다"로 외웁니다.

  I look at her.

  [의역] 나는 그녀를 본다.

이 해석은 전혀 'at'을 느낄 수가 없습니다. 그냥 통으로 "look at"을 함께 쓴다고만 배우고, 가르쳤기 때문입니다.

"왜 'look' 다음에 'at'이 올까요? 그냥 'look'만 써서 표현하면 안되나요?"라는 의문점을 그동안 안 가지셨다면, 여러분은 무작정 외우는 영어에 길들여져 있는 것입니다.

예를 들어 선생님이 학생에게 "Look at me!"라고 하면 학생들은 선생님을 봅니다. 그러면 학생들은 선생님의 어디를 보나요? 머리요? 얼굴요? "look at"이라는 말은 "나와 시선을 맞추어라"라는 의미가 있으므로, 눈을 봐야 합니다. 왜 그런가 하면, 'at'은 앞서 말한 것처럼 '포인트'라는 의미가 있습니다. 그러므로 선생님의 눈을 "포인트로 찍듯이 보라"는 의미입니다.

이제 순역을 해 보겠습니다.

"look at" – "~을 보다"

look (보다) + at (포인트)

보다 + 포인트

I look at him.

[의역] 나는 그를 본다.

[순역] 나는 본다, (보는) 포인트가 그다.

또, 조금만 생각해 보면 참 이상합니다. 만일 처음부터 'look'이라는 단어를 목적어가 필요한 타동사로 인식한다면, 원어민도 뭔가를 볼 때, 그냥 아래와 같이 하는 것이 자연스러울 것입니다.

She looked me.

그러나 원어민은 보통 무언가를 볼 때, 설명한 것처럼 "look at"을 사용합니다. 그리고 많은 경우에 "look at"을 쓰는 것이 자연스럽습니다.

그러면 위의 문장이 잘못된 것일까요? 그러나 위 문장은 잘못된 것이 아닌, 정상적인 문장입니다. 그것은 'look' 다음에 바로 대상을 사용하면 아래와 같은 뜻이 되기 때문입니다.

look + 대상 =〉 "대상을 피하지 않고, 직시하다"

She looked me straight.

[의역] 그녀는 나를 정면으로 (피하지 않고) 응시했다.

He looked the boy into silence.

[의역] 그는 소년을 노려보아 조용히 만들었다.

He looked her to shame.

[의역] 그는 그녀가 부끄럽게 그녀를 직시했다.

He looked his death.

[의역] 그는 그의 죽음을 피하지 않았다.

이제 나머지 'look' 관련 숙어들도 좀 보겠습니다.

He looked for the ring.

보다 + 목적 => (무언가를) 목적으로 보다 => 찾다

[의역] 그는 반지를 찾았었다.

[순역] 그는 보았다. (보는 것은) 목적이 있다. (목적은) 반지이다.

She looks after the baby.

보다 + 뒤 => 누군가의 뒤를 본다 => 뒤를 봐준다 => 돌본다

[의역] 그녀는 아기를 돌본다.

[순역] 그녀는 본다. (보는 것은) 뒤쪽이다. (뒤쪽은) 아기의 뒤쪽이다.

The police looked into the house.

into => in(안) + to(목표) => 안을 목표로 => 안쪽

보다 + 안쪽 => 안쪽을 보다 => 내부를 보다 => 조사하다

[의역] 경찰은 집을 조사했다.

[순역] 경찰이 봤다. (본 것은) 안쪽이다. (안쪽은) 집 안쪽이다.

We looked about the house.

보다 + 주변 => 주변을 보다 => 둘러보다

[의역] 우리는 살 집 주변을 둘러보았다.

[순역] 우리는 보았다. (본 것은) 주변이다. (주변은) 집의 주변이다.

I looked forward to X-mas.

보다 + 멀리 + 목표 => 멀리 떨어진 목표를 보다 => 고대하다

[의역] 나는 크리스마스를 고대했다.

[순역] 나는 봤다. (본 것은) 멀리 본다. (멀리 있는 것은) 목표이다. (목표는) 크리스마스이다.

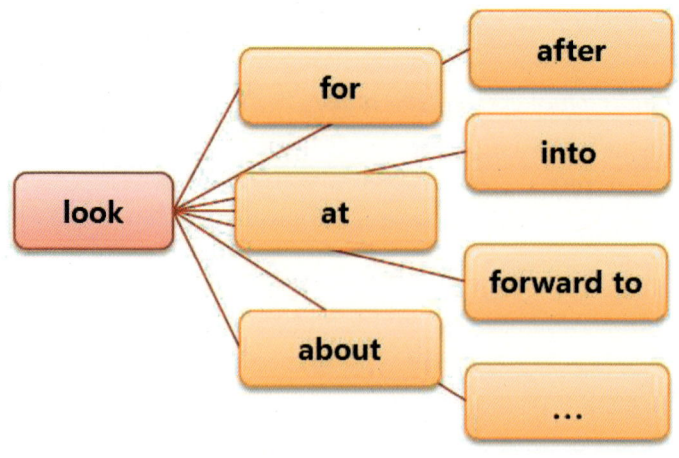

CHAPTER 03 "listen to" 분석

이번에는 선생님이 학생들에게 "Listen to me!"라고 말합니다. 이때 학생들은 귀를 쫑긋 세우고 선생님 말씀에 귀를 기울입니다.

'봐라'라고 할 때는 'look' 다음에 'at'을 썼는데, 왜 '들어봐'라고 할 때는 'listen' 다음에 'to'를 사용할까요? 그냥 숙어니까 외우셨죠? 이제 이유를 알려드리겠습니다.

"listen to" – "~을 듣다"

listen (듣다) + to (목표)

듣다 + 목표

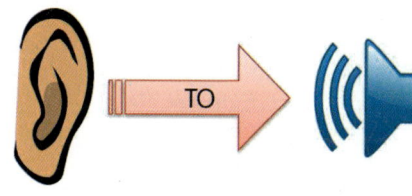

우리가 소리를 들을 때에는 "look at"과는 다르게, 소리 나는 곳을 콕 집어서 들을 수가 없는 것입니다. 그러므로 소리가 나오는 목표로 귀를 향하라는 것입니다. 그래서 'listen' 다음에 'at'을 쓸 수 없고, 방향을 나타내는 'to'가 자연스럽게 합쳐지는 것입니다.

Listen to me!

[의역] 내 말 좀 들어봐!

[순역] 들어라, (듣는) 목표는 나다!

CHAPTER 04 "put on" 분석

우리는 "옷을 입다", "신발을 신다", "모자를 쓰다" 등으로 각각의 명사에 맞는 동사를 사용합니다. 그러나 영어에서는 모두 "put on"으로 통일되어 있습니다. 왜 그럴까요? 그냥 숙어로 마구 외웠다면, 이제는 이해할 차례입니다.

"Put on"이 '입다'의 뜻이 된 것부터 이해해 보겠습니다.

"put on" – "~을 입다"

put (두다) + on (표면)

두다 + 표면

즉 무언가를 두는데, 표면에 놓는다는 의미가 들어 있는 것입니다.

He put on a shirt.

[의역] 그는 셔츠를 입었다.

이 문장은 원래 아래와 같은 문장입니다.

He put a shirt on his body.

[순역] 그는 두었다. (둔 것은) 셔츠다. (셔츠는) 표면에 있다. (표면은) 그의 몸이다.

보통 옷을 입을 때는 당연히 몸에 입는 것이니, 뒤에 "his body"가 생략된 것입니다. 그래서 아래와 같이 사용해도 됩니다.

He *put* **a shirt** *on.*

한글에서도 동일하게 불필요한 부분은 생략을 합니다.

"나는 (몸에) 옷을 입는다."

또, 'put'과 'on'이 더해져서 '입다'라는 의미로 확장되므로, 서로 같이 있고자 하는 현상이 생기게 됩니다. 그래서 아래와 같이 사용되기도 합니다.

He *put on* **a shirt.**

즉, "put on"에서 'on'은 우리 몸의 표면을 의미하는 것이고, 그런 의미에서 한글의 "입다, 신다, 쓰다" 등등, 우리 몸에 부착하는 모든 것은 우리 몸의 표면에 두는 것이니, "put on"을 사용할 수 있는 것입니다.

'입다' – "put on"

'신다' – "put on"

'쓰다' – "put on" ……

뭐든지 몸에 붙이면, "put on!"

CHAPTER 05 "by the way" 분석

일반적으로 "by the way"를 '그런데', "그건 그렇고"로 번역합니다. 숙어처럼 외워도 힘든 것은 없지만, 이해하자는 차원에서 접근해 봅시다.

"by the way" – "그런데, 그건 그렇고"

by (옆) + the way (길)

옆 + 길

이 숙어는 당연히, "길 옆에서"라는 원초적인 뜻이 되겠죠.

보통 대화를 하다, 다른 주제를 언급하고자 할 때, 사용하는 관용구입니다. 즉, 대화를 하다 옆길로 빠진다는 의미가 확장되어 굳어진 표현입니다.

"하여간, 그건 그렇고"로 번역한 것은 완벽하게 한글에 맞춘 '의역'을 한 것이고, 다음과 같이 번역해 보겠습니다.

"by the way" – "길 옆으로 빠져서"

지금 나누고 있는 "대화의 길 옆으로 빠져서"라고 자연스럽죠?

"side by side"를 '나란히'라고 번역하는 이유도 같은 맥락에서 이해하면 됩니다. 왜 가운데에 'by'가 들어 있는지를 알면 이해하기가 더 쉽습니다.

"side by side" – '나란히'

side (면) + by (옆) + side (면)

면 + 옆 + 면

두 사람이 서있는 상황을 한글로는 다음과 같이 표현합니다.

"두 사람이 나란히 서 있다."

이 경우 A라는 사람 왼쪽 면과 B라는 사람 오른쪽 면이 같이 있는 것으로 보입니다. 그리고, A라는 사람은 B라는 사람 옆에 있으므로 사이에 'by'를 넣은 것입니다. 이렇게 생각해 보면 왜 "side by side"가 "나란히"로 번역이 되는지 이해가 가실 것입니다.

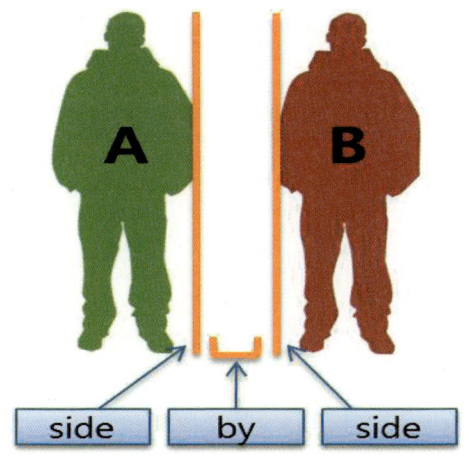

PART 11 숙어 유감   171

CHAPTER 06 "at/on/in the corner" 분석

이제 'at', 'on', 'in'에 대한 차이점을 정리해서 이해해 봅시다. 장소를 표현할 때, 위 세 가지를 모두 사용할 수 있지만, 각각 사용하는 경우와 상황이 다르므로, 정리하여 구별해 봅시다. 한국말로는 셋 다, 똑같이 번역이 되지만, 의미상으로는 좀 다르게 이해할 수 있습니다.

공이 특정 위치(포인트)에 있는 경우

The ball is at the corner of the soccer field.

"공은 축구장 구석에 있다."

공이 특정한 넓은 면 위에 있는 경우

The ball is on the corner of the street.

"공은 길거리 구석에 있다."

공이 안으로 들어간 공간에 있는 경우

The ball is in the corner of my room.

"공은 내 방 구석에 있다."

물론 위의 경우에, 'on'과 'in'대신에 공이 있는 위치를 단순한 장소로 생각해서 'at'을 사용한다고 해도 문제될 것은 없습니다.

CHAPTER 07 "nibble at/on" 분석

'at'과 'on'에 대해 좀 봤으니, 이제 한꺼번에 비교하여 보겠습니다. 'nibble' 이라는 단어는 '갉아먹다', '떼어먹다'라는 뜻으로 자동사/타동사 모두로 사용할 수 있습니다. 그래서 아래와 같이 사용되지만, 이때 'at'을 '~에'로, 'on'을 '~위에'라고 알고 있으면, 문장을 이해하기가 상당히 어렵습니다.

The mouse nibbled the melon.

"쥐가 멜론을 갉아먹었다."

The mouse nibbled at the melon.

"쥐가 멜론에 갉아먹었다." (???)

The mouse nibbled on the melon.

"쥐가 멜론 위에 갉아먹었다." (???)

위의 문장에서 'at'을 '포인트'로 이해하고, 'on'을 '표면'으로 이해해야 정확한 의미 파악이 됩니다.

"쥐가 멜론을 조금씩(포인트로) 갉아먹었다."

"쥐가 멜론의 표면을 갉아먹었다."

'nibble'이 '갉아먹다', '떼어먹다'라는 뜻을 가지고 있으므로, 당연히 'at'과 잘 어울리는 이유를 미루어 짐작하고도 남습니다.

CHAPTER 08 "dream of" 분석

"~을 꿈꾸다"라는 표현을 하고자 하면, 우리는 무작정 외운 "dream of"를 사용합니다.

그런데 한글에서 "~을 꿈꾸다"라는 표현은 동사 다음에 명사를 쓰는 구조로 되어 있어서, 자꾸 'of'를 빼먹습니다.

I dream her last night. (X)

[의역] 나는 어제 밤에 그녀를 꿈꾸었다.

그래서 우리는 빼먹지 않으려고 "dream of"를 붙여서 숙어로, 달달 외웁니다. 다행이 잘 기억하고 있으면 사용할 수 있지만, 당황하면, 또 'of'가 안 나옵니다.

"dream of" – "~을 꿈꾸다"

dream (꿈꾸다) + of (관계)

꿈꾸다 + 관계

영어는 왜 "꿈꾸다"라는 표현에서 'of'를 붙일까요? 그것은 우리가 꿈을 꿀 때, "특정 대상을 꿈꾼다"라고 생각하지만, "특정 대상"이 아니고, 그 대상과 관련된 내용을 꿈꾸는 것이기 때문입니다. 영어의 사고 방식이죠.

여러분이 꿈에 돼지를 봤다고 칩시다. 그러면 꿈속에서 내내 돼지만 보였나요? 물론 아니죠, 돼지와 관련된 여러 상황을 꿈꾸게 되는 것입니다. 그래서 'dream'에는 'of'가 필요한 것입니다. **특정 대상과 "관계된" 내용을 꿈꾼다**라는 의미이기 때문입니다.

이것은 **"think of"**라는 숙어에서 'think' 다음에 'of'가 오는 이유이기도 합니다.

"think of" – *"~을 생각하다"*

think (생각하다) + of (관계)

생각하다 + 관계

사과를 생각해 봅시다. 우리가 사과를 생각하는 경우, 보통은 사과와 관련된 여러 가지 상황이나, 연관된 것을 생각하는 것이지, 사과 자체만을 계속해서 생각하는 것이 아닙니다. 정신에 문제가 있는 경우가 아닌 이상, 보통 사람은 계속해서 사과만을 생각하는 것이 거의 불가능합니다. 그러므로 'think'라는 단어는 아래와 같이 주로 'of'가 붙어 사용됩니다.

I think of an apple.

그러나 만약에 'think'라는 단어를 아래처럼 사용했다고 하면, 이것은 **오로지 'apple'만을 생각하는 뜻**이 될 수 있습니다.

I think an apple.

그러므로 'think'와 'dream'은 관련된 것을 생각하거나, 꿈꾸는 것이기에, 뒤에 'of'가 와야 자연스러운 것입니다.

그런데, 어느 날 다음과 같은 표현을 보게 됩니다.

I dreamed about a pig.

I think about her.

보통 외운 사람은 이런 표현을 보면 또 당황합니다. "dream of", "think of" 아니었어? 이건 또 뭐야? 이것도 외워야 하나?

위 문장의 'about'은 "대략적인 관련성"을 표현하는 단어입니다.

그러므로 "직접적인 관계"를 표현하기 위해서는 'of'를 사용하고, "대략적인 관련성"은 'about'을 사용하는 것뿐입니다.

이렇듯 'of'와 'about' 약간 통하는 구석이 있어서 혼용되는 것입니다. 당황하지 마시고, 이해하려고 노력해 보시기 바랍니다.

그러면 아래와 같은 숙어들도 자연스럽게 이해가 됩니다.

He's afraid of a snake.

"그는 뱀을 무서워한다."

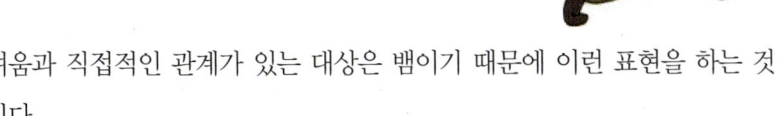

두려움과 직접적인 관계가 있는 대상은 뱀이기 때문에 이런 표현을 하는 것입니다.

I'm tired of the class.

"나는 수업이 지겹다."

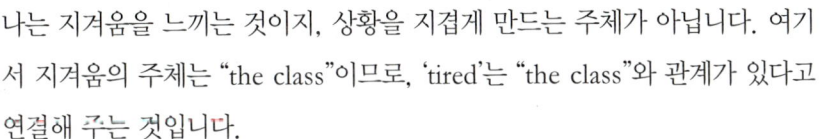

나는 지겨움을 느끼는 것이지, 상황을 지겹게 만드는 주체가 아닙니다. 여기서 지겨움의 주체는 "the class"이므로, 'tired'는 "the class"와 관계가 있다고 연결해 주는 것입니다.

I'm proud of you.

"나는 너를 자랑스러워 한다."

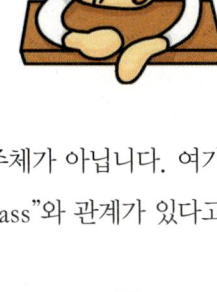

이 문장도 같은 방식으로 이해하시면 됩니다.

"나는 자랑스러워 한다. 자랑스러움은 너와 관계가 있다."라는 뜻입니다.

'조심해'라고 할 때 숙어로 "be careful of"를 사용합니다.

Be careful of the dog!

개는 물 수도 있기 때문에, 조심해야 하는 상황을 만드는 주체입니다. 그러므로 이렇게 표현하는 것이 타당합니다. 그러나 깨지기 쉬운 접시를 다룰 때는 아래처럼 사용해야 합니다.

Be careful with the dishes!

이 경우 'of' 대신에 'with'를 사용하는 이유는, 접시가 조심해야 하는 상황을 만드는 주체가 아니고, 접시와 '함께'하는 상황에서 조심스럽게 다루어야 하므로, 'with'를 사용하는 것입니다. 정리하면 아래와 같습니다.

"be careful of" + 해를 끼치는 것.

Be careful of cars!
Be careful of the snake!
Be careful of the manhole!

"be careful with" + 조심스럽게 다루어야 할 것.

Be careful with the hot coffee!
Be careful with the glass!
Be careful with the baby!

CHAPTER 09 "get on/in/off/out" 분석

다음은 영어에서 교통수단을 타고 내릴 때, 많이 사용하는 표현들입니다.

교통수단을 타다: get on, get in

교통수단에서 내리다: get off, get out

일반적으로 버스, 기차, 지하철, 배, 비행기 등을 탈 때는 "get on"을 쓰고, 자가용, 택시 등을 탈 때는 "get in"을 쓴다고 외웠습니다. 그러나 탈것이 이것들뿐만이 아니지요. 다음과 같은 것들은 어떤 것을 사용해야 하나요?

자전거, 오토바이, 말, 전투기, 트럭, 마차, 트랙터, 스키, 스케이트보드, 우주선, 아빠의 어깨……

수없이 많은 교통수단을 배울 때마다, 외워야 하나요? 이제 이해해 봅시다.

"get on"과 "get in"은 양쪽에 쓰인 'get'은 동일하므로, 오직 'on'과 'in'만큼의 의미 차이가 있는 것입니다.

'on'과 'in'을 10MW로 이해하셨다면, 위 숙어가 다양한 곳에 쓰이더라도, 충분히 이해가 가능합니다. 우선 'on'과 'in'의 10MW 뜻을 보겠습니다.

on (표면), in (안)

그러므로 사람이 면에 타는 것은 모두 'on'을 붙이고, 안으로 쏙 들어가는 느낌이면 모두 'in'을 사용하면 되는 것입니다.

(넓은) 면을 가진 교통수단

  비행기, 기차, 지하철, 배, 자전거, 오토바이, 말……

안으로 들어가는 교통수단

  자동차, 택시, 헬리콥터, 전투기……

자전거, 오토바이는 안장 표면에 타는 것이니, 1번이고, 당연히 말도 말의 등(표면)에 타는 것이니 1번입니다.

그러면 트럭은 1번일까요? 2번일까요?

당연히 짐을 싣는 곳에 타면 "get on"

운전하는 곳에 타면 "get in"이겠죠.

이렇게 이해하면, 오래 기억하고, 응용하기도 좋습니다.

자 이번에는 내리는 표현을 이해해 봅시다.

  '타다' – "get on" '내리다' – "get off"

  '타다' – "get in" '내리다' – "get out"

그러면 왜 "get on"은 "get off"로 짝이 되고, "get in"은 "get out"과 짝이 될까요?

그 어디에도 왜 그런지 이유를 설명해 놓은 곳이 없습니다. 그러나 우리는 아래와 같이 추측해 볼 수 있습니다.

　　　'타다'　　　〈- 반대 -〉　　　'내리다'

　　　'on'　　　　〈- 반대 -〉　　　'off'

　　　'in'　　　　〈- 반대 -〉　　　'out'

이렇게 생각하니 자연스럽게 느껴지지 않으시나요?

지금까지 우리는 몇몇 숙어를 이해하는 차원에서 다루어 보았습니다. 물론 모든 숙어를 이런 식으로 이해하기는 상당히 어렵고, 연구가 더 필요한 부분이기도 합니다.

그러나 영어를 배우는 초보자가 사용하는 대부분의 숙어는 이런 식으로 이해가 가능합니다.

그렇다고 필자가 "숙어는 외울 필요가 없어!"라고 주장하는 것은 아닙니다. 무조건 100번, 1,000번을 외우기보다, 이해하고 10번 외우는 것이 더 낫다는 것을 말하는 것입니다.

"숙어 마구 외우지 말고,

가능하면 이해하고 외우자!"

PART 12

영어의 이해 2

CHAPTER 01 조동사, 본동사 전쟁

CHAPTER 02 조동사 다음에 'be'가 오는 이유

CHAPTER 03 Love love love

CHAPTER 04 왜 "S + V + O" 구조인가?

CHAPTER 05 수동태는 "Be + P.P + by"라 굽쇼?

CHAPTER 01 조동사, 본동사 전쟁

앞부분에서 영어의 이해에 대해 간단히 보긴 했지만, 본격적으로 영어 문장에 대해 논하기 전에 어순관련 이해를 좀 더 보고 가겠습니다. 그중에 하나가 **"왜 조동사는 본동사 앞에 오는가?"** 입니다. 이제 그 이유를 생각해 보겠습니다.

본동사는 늘 불만이 있었습니다. 그 불만은 아래와 같습니다.

"조동사는 왜 본동사 앞에 오는가?"

먼저 한글의 예, "나는 공부할 수 있다."를 보겠습니다. 한글에는 '나는' 다음에 '공부하다'가 먼저 오고 "~할 수 있다."는 말이 뒤에 와서 앞의 단어 '공부하다'을 설명해 주는 구조입니다. 그런데 왜 영어는 아래와 같이 쓰지 않는 것일까요?

I study can.

이런 어순이면 우리도 영어를 좀 더 쉽게 이해하고 사용할 수 있지 않을까요? 그러나 불행히도 영어의 어순은 아래와 같습니다.

I can study.

제가 영어를 배울 때에도 'can'은 '조동사'라고 하고, 본동사를 도와준다고 배웠습니다. 그런데 도와주는 조동사가 '본동사'보다 앞에 온다는 것이 참 이해가 가지 않았습니다. 중요한 '본동사'가 앞에 오고 그것을 도와주는 '조동사'

는 뒤에 와야 이치에 맞는 것 아닌가요?

그래서 좀 깊이 있게 어순을 다시 생각해 봅시다.

어순 상으로 보면 'I'가 제일 먼저 와야 하는 것은 수긍이 갑니다. 내가 존재해야 상태나 행동이 의미가 있으므로 'I'가 제일 먼저 오는 것이 타당합니다.

이제 'I' 다음에 'can'과 'go'가 경합을 벌입니다. 자신들이 'I' 다음에 와야 한다고…

    I + go + can.
    I + can + go.

'go'의 입장에서, 'can'은 'go'를 보조하는 의미를 가지고 있으므로, 주된 의미를 가진 'go'가 'I' 다음에 와서, 다음과 같이 문장이 만들어져야 한다고 주장합니다.

    I + go + can.

일면 타당성이 있어 보입니다. 한글도 위와 같은 구조로 되어있으니, 더 수긍이 갑니다.

그러나 'can'의 입장은 'go'의 입장과는 다릅니다. 'can'은 'go'를 보조하는 의미를 가지고 있지만, 반드시 'go'만을 보조하기 위한 것은 아니라고 주장합니다. 즉, 아래와 같이

    I can + go, eat, live, work, save …

모든 동사를 보조하는 의미를 가지는 것이지 'go'만을 위한 단어가 아니라는 것입니다. 그리고 결정적으로 'can'의 의미는 주체가 **머릿속에서 생각하는** "할 수 있다"라는 **개념**을 표현하는 단어이므로, **주체의 행동을 표현하는 'go' 보다, 주체에 더 가깝고, 밀접하다고** 주장합니다.

'can'과 같이 "머릿속의 개념"을 표현한 단어들

Will = "~할 것이다." – '의지'

Must = "~해야만 한다" – '의무'

May = "~할지도 모른다" – '추측'

Would, Should, Could……

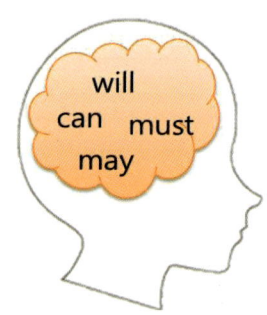

그래서 'can'은 아래와 같은 어순이 되야 한다고 주장합니다.

I + can + go.

여러분은 'go'와 'can'의 주장에서, 어느 것이 더 타당하게 느껴지시나요?

물론 원어민의 입장에서는 'can'의 주장이 더 타당하다고 느끼기 때문에, 영어의 어순이 아래와 같이 구성되는 것입니다.

"주어 + 조동사 + 동사"

CHAPTER 02 조동사 다음에 'be'가 오는 이유

이렇게 조동사와 본동사의 전쟁이 조동사의 승리로 끝날 즈음, 이제 "am, are, is, was, were"라는 단어들이 조동사에게 불만을 터트립니다.

"왜 우리는 조동사 다음에 'be'로 바뀌어야 하는가?"

일반동사의 경우 조동사 다음에 아무런 변경 없이, 동사 자신을 사용하면 됩니다.

You run.   You will run.

그러나 "am, are, is, was, were"의 경우에는 이런 것들을 조동사 다음에 사용할 수가 없습니다.

I will am kind. (X)   I will be kind. (O)

You will are kind. (X)   You will be kind. (O)

He will is kind. (X)   He will be kind. (O)

왜 조동사 다음에는 "am, are, is, was, were"는 모양을 바꾸어 'be'를 써야 하는지 생각해 보겠습니다.

일단 'will'은 아래와 같은 두 가지를 가지고 있습니다.

Will = 뜻("할 것이다") + 시제('미래')

"am, are, is, was, were"도 두 가지를 가지고 있습니다.

"am, are, is" = 뜻('존재하다') + 시제('현재')
"was, were" = 뜻('존재하다') + 시제('과거')

그러므로 조동사와 "am, are, is, was, were" 동사들을 같이 쓰게 되면 아래와 같은 문제가 발생합니다.

will am/are/is   will was/were
미래 + 현재   미래 + 과거

이 두 가지를 같이 쓰는 경우, 의미상으로는 문제가 없지만, 시간상으로 '미래'와 '현재' 혹은 '미래'와 '과거'가 같이 있게 되는 불상사가 발생합니다.

그러므로 두 번째 "am, are, is, was, were" 동사들에서 시제를 제거한 단어가 필요하게 된 것입니다.

'be' = 뜻('존재하다') + 시제('없음')

이렇게 새로운 단어 'be'를 만들어 조동사 다음에 붙이게 되면 아래와 같이 되어,

Will be = "미래에 존재할 것이다."

이러면 의미 충돌이 일어나지 않고, 자연스런 표현이 됩니다.

"조동사 + be"

CHAPTER 03 Love love love

위 문장이 **"사랑 사랑 사랑"**으로 보이시나요? 글쎄요, 좀 더 읽어 보세요.

규칙: "3인칭 단수 현재에는 동사에 's'를 붙인다."

우리는 이런 규칙을 배웠습니다. 그래서 "3인칭 단수 현재"에는 동사에 's'를 붙입니다. 왜 붙이는지는 모르지만, 하여간 주문처럼, 공식처럼 수십 년을 그렇게 외우고, 외워서, 영어를 사용하지 않아도, "3인칭 단수 현재에는 동사에 's'를 붙인다."를 알고 있습니다.

그냥 외운다고 해서 영어를 못하는 것은 아닙니다. 그러나 이 규칙을 몸에 체득하고 자연스럽게 사용하기에는 수많은 시간이 필요합니다.

그러면 왜 영어는 이런 규칙이 생겼을까요? 영어를 가르치고, 배우는 사람이라면 한 번쯤은 왜 이런 규칙이 생겼는지 의문이 들었을 것입니다.

그러나 아무도 알려주지 않죠. 아니, 알려줄 수가 없습니다. 그냥 배웠고, 그냥 그렇게 가르치고, 그냥 그렇게 세월이 흐른 것입니다.

왜 이런 얘기를 하느냐 하면, 굳이 이런 것을 알 필요가 없다고 생각할지는 몰라도, 이 장이 영어를 이해하고자 하는 장이므로, 좀 더 깊이 있는 이해를 해 보자는 취지입니다.

없어도 되는 규칙이 언어에 생기게 되면, 그만큼 사용하는 데 문제가 발생하게 됩니다. 헷갈리고, 오류가 발생하고, 언어가 점점 복잡해지는 것입니다. 그런데도 **이런 규칙**이 있는 이유는 무엇일까요? 결론적으로 말하면 **"있어야 하기 때문"**입니다. 이것을 이해하기 위해서 먼저 '3인칭'에 대해 알아 봅시다.

  1인칭: '나', '우리'

  2인칭: '너', '너희들'

  3인칭: '그', '그녀', '그것', '그들', '그것들'

우리는 보통 3인칭 단어들을 위처럼 생각합니다. 그러나 영어의 **3인칭**은 'tree', 'bird', 'desk' 등과 같이 **1인칭, 2인칭을 제외한 모든 단어는 3인칭입니다.** 그래서 이러한 단어가 주어로 쓰일 때도, 동일하게 동사에 's'를 붙입니다.

  A bird sing**s** in the tree.

이 정도는 누구나 아는 것이고, 더 나아가야 합니다. 이런 단어뿐 아니고, **추상적인 단어도 3인칭으로 취급**합니다.

  Love make**s** people kind.

  "사랑은 사람들을 친절하게 만든다."

이제 3인칭에 대해 알았으니, 다음으로 넘어가겠습니다.

두 번째로 알아야 하는 것은, 하나의 영어단어는 여러 가지 품사로 사용된다는 것입니다. 영단어 'forward'는 명사, 동사, 형용사, 부사로 쓰입니다. 그리고 'love'는 **명사**, **동사**로 사용될 수 있습니다. 아래처럼 정리하고 다음을 보시기 바랍니다.

3인칭: 1, 2인칭을 제외한 모든 단어. 추상명사 포함.
영단어: 하나의 단어는 여러 가지 품사로 쓰임.

이제 ***"3인칭 단수 현재에 's'를 붙인다"라는 규칙이 없다고 가정해 봅시다.*** 그러면 우리는 다음과 같은 문장을 만들 수 있습니다.

Love love love.

이것의 의미는 무엇일까요?

"사랑 사랑 사랑"

혹은

"사랑은 사랑을 사랑한다."

어느 것일까요?

"사랑 사랑 사랑"은 아닙니다. 첫 글자가 대문자로 되어 있고, 마지막이 마침표로 되어 있어, 문장을 의미하기 때문입니다. 이제 문장이라는 전제하에 바라보면 다음과 같은 문제가 발생합니다.

세 단어 중에 어느 것이 동사인지 구별할 수가 없는 문제입니다. 그래서 아래처럼 여러 가지로 해석하는 사태가 발생합니다.

첫 번째가 동사이면 *"사랑해라, 사랑사랑을."*

두 번째가 동사이면 *"사랑은 사랑한다, 사랑을"*

세 번째가 동사이면 *"사랑사랑이 사랑한다."*

동사에 's'를 붙이지 않아도 주어가 1, 2인칭인 경우는 문제가 되지 않습니다. 이런 추상적인 단어가 주어로 오지 않기 때문입니다. 그리고 주어가 **단수**가 아니고 **복수**인 경우도 문제가 되지 않습니다.

Loves love love.

이 경우 첫 번째 단어가 복수형으로 되어 있어, 이것이 주어인지 알 수 있고, 두 번째 단어가 동사임을 알 수 있습니다.

계속해서, 시제가 과거나, 미래의 경우도 상관이 없습니다. 과거는 동사에 'ed'를 붙여서 알 수 있고, 미래는 **'will'**이 있기 때문입니다.

Love loved love.

Love will love love.

그러나 현재의 경우, 동사에 아무것도 안 붙이면, 유독 문제가 발생하기 때문에, *3인칭이고, 단수이고, 현재인 경우는 문장의 동사가 어느 것인지를 알려줘야 하는 상황이 발생합니다.* 그래서 다음과 같이 's'를 붙여서 동사임을 알려주는 것입니다.

Love loves love.

즉, 영어단어와 문장의 특성으로 인해, **3인칭단수현재**의 경우, 문장에서 **의미의 혼동이 발생하는 것을 막고, "이것이 바로 동사다."라고 표시해 주기 위해서** 동사에 's'를 붙이는 규칙이 생겨난 것입니다.

그러면 왜 많은 알파벳 중에서 굳이 's'을 사용할까요?

(--〉 www.TNTenglish.com 해설 참조)

"영어를 잘 이해하면, 영어가 재미있다."

CHAPTER 04 왜 "S + V + O" 구조인가?

앞에서 설명드린 대로, 영어는 어순이 매우 중요합니다. 함부로 어순을 바꾸면 전혀 다른 의미가 됩니다. "S + V"의 구조에서 순서를 바꾸어 **"V + S"**의 구조로 만들면 **의문문**이 되어 버립니다. 단순히 위치만 바꾼 것뿐인데, 정말 엄청난 변화가 생기게 됩니다.

He is a student.   "그는 학생이다."

Is he a student?   "그는 학생이냐?"

You do.   "너는 한다."

Do you?   "너는 하느냐?"

한글은 뒤의 동사를 변화시켜 '의문문'을 만들지만, 영어는 어순을 바꾸어 '의문문'을 만듭니다. 그만큼 어순이 굉장히 중요하다는 것입니다. 그럼, 왜 영어는 "주어(S) + 동사(V) + 목적어(O)" 구조를 기본 문장 형태로 만들었을까요? 우리처럼 "S + O + V"로 만들거나 "V + S + O" 혹은 "O + S + V" 구조로 만들지 않았을까요?

영어에서는 주체 혹은 중심이 되는 단어부터 문장을 시작합니다. 우리도 마찬가지입니다. 그래서, 맨 앞에 주체가 오고, 그 다음에 그 주체의 "행동이나 상태"를 설명합니다. 당연히 주체의 "행동이나 상태"는 동사가 되므로, 동사를 주체 다음에 붙여 설명합니다. 그리고 나서, 동사의 행동에 영향을 받는 것이 바로 목적어입니다.

즉, 주체로부터 시작한 행위가 목적어에 영향을 미치는, 자연스러운 구조가 만들어지는 것입니다.

He => kicked => a ball.

그래서 아래와 같이 'He' 다음에 주체가 행한 행동 'kicked'를 붙여 설명하고, 행동의 영향을 받는 "a ball"을 다음에 붙여서 설명하는 것입니다.

He kicked a ball.

"그가 찼다. (찬 것은) 공이다."

어순을 바꾸어 "그가 공을 찼다."라고 해석하지 마시고, 위처럼 자연스럽게 흘러가는 구조로 이해하시기 바랍니다.

이것을 이해하기 위해서는 아래 내용을 먼저 이해하셔야 합니다. 일반적으로 영어에서는 명사를 가질 수 있는 동사가 따로 있다고, 학교에서는 가르치지만, 그것보다는 **"대부분의 동사는 명사를 가질 수 있고, 동사가 뒤에 오는 명사에게 영향력을 가한다."** 라고 이해하셔야 합니다.

He + kicked + a ball.

주어 + 동사 => 명사

의미: 동사가 명사에 영향력을 가한다.

'kick'이라는 동사가 뒤의 명사 "a ball"에 영향력을 가한다.

He walks with a dog.

[의역] 그는 개와 함께 걷는다.

He walks a dog.

[의역] 그는 개를 산책시킨다.

앞 문장, "He kicked a ball."에서 그가 공에게 영향을 가하는 것처럼, 이 문장, "He walks a dog"에서는 "그가 개에게 걷도록 영향을 준다."로 이해하면 됩니다.

이런 생각으로 영어를 바라보면, 자동사, 타동사 이런 식으로 따로 외울 필요가 거의 없습니다. 또 많은 동사들이 자동사와 타동사 양쪽으로 쓰이기 때문에 그렇게 구분하는 것은 문법학자에게나 필요한 것입니다.

여러분이 평소 자동사로 알고 있던 동사가 뒤에 명사를 가지는 문장을 보면, 이때 당황하지 말고, 이런 식으로 **"동사가 명사에 뭔가 영향을 끼치는구나."** 로 추측하시기 바랍니다.

이것이 바로 원어민이 느끼는 영어문장의 이해방식입니다.

He worked her ill.

"그는 일 시켜서, 그녀가 아프다."

"주어(S) + 동사(V) => 목적어(O)"

CHAPTER 05 수동태는 "Be + P.P + by"라 굽쇼?

우리는 아직도 수동태를 위처럼 배웁니다. 그래서 다음과 같은 공식이 있습니다.

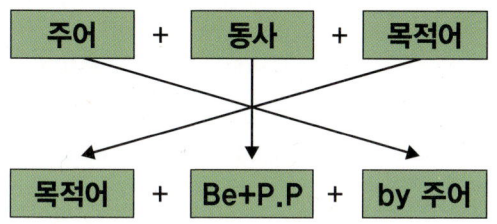

아이들은 무조건 외웁니다.

"be동사 + P.P + by, be동사 + P.P + by, ·························"

이렇게 수백, 수천 번을 외웁니다. 그렇게 세대를 거쳐 가며 외웁니다. 그리고 능동태를 수동태로, 수동태를 능동태로 바꾸는 훈련을 수없이 반복합니다. 그렇게 시험에 내고, 그렇게 시험을 보고, 계속 반복합니다.

그러나 정작 말할 때 수동태의 문장을 사용할 수가 없습니다. 이렇게 공식으로 알고 있는 사람은 말로 수동태를 표현할 때 다음처럼 해야 합니다.

한글 문장 => 영어 능동태 문장 => 공식대입 => 영어 수동태 문장 => 말하기

이 과정으로 표현해야 하니, 말이 바로 나오지 않고, 머리가 복잡합니다. 글로 수동태를 쓸 때는 시간적 여유가 있으니, 그나마 가능합니다. 그러나 말로 하려면, 거의 불가능합니다.

그리고 공식을 잘 보면, 이것도 어순을 거꾸로 이해한 것이나 별반 다를 바가 없습니다.

이렇게 수동태를 공식으로 외우고, 또 예외의 경우를 아래처럼 "by"를 안 쓰고, 다른 전치사를 쓴다고 외웁니다.

"be satisfied with, be satisfied with, be satisfied with……"

"be worried about, be worried about, be worried about……"

"be surprised at, be surprised at, be surprised at……"

"be surprised" 다음에는 꼭 'at'만 와야 할까요? 그럼 아래 문장들은 뭔가요?

I was surprised by his death.

They were surprised by him wanting to leave.

They were surprised by the power of Korea.

이 문장들은 모두 잘못된 문장인가요? 왜 수동태에서 'by'를 써야 하며, 왜 'at'를 써야 좀 더 자연스러운지, 이해가 없는 상태에서 무조건 외우고, 가르치고, 배우기 때문입니다.

(--) www.TNTenglish.com 해설 참조)

앞 장에서 영어가 왜 "S + V + O" 어순인가에 대해서 이야기했듯이, 이제 영어의 수동태는 왜 이런 어순을 가져야만 하는가에 대해서 이야기하고자 합니다. 공식처럼 외우면, 답은 맞출 수 있지만, 말을 할 수가 없습니다. 이해하고, 체득하면, 자연스럽게 말하고, 표현할 수가 있습니다. 여기서 수동태를 이해하기 위해, 아래 두 가지를 확실히 알아야 합니다.

첫째, 과거분사(P.P)는 완료의 뜻과 수동의 뜻이 있다.
둘째, 'by'는 "~에 의해서"가 아니고, '힘'이라는 뜻이다.

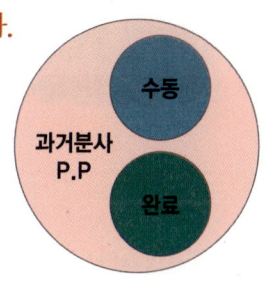

과거분사의 뜻 중에서 첫 번째 '완료'는 지금 논하고자 하는 핵심이 아니므로, '수동'의 뜻만 있다고 생각하시고, 아래 동사를 보세요.

throw – threw – thrown

세 번째 단어 '**thrown**'은 과거분사로 '**던져진**'이라는 수동의 뜻입니다. 그리고, '**by**'는 "~에 의해서"가 아니고 '**힘**'이라는 뜻임을 이해하시고, 다음의 문장을 봅시다.

A ball is thrown by him.

이 **수동태 문장**은 능동태를 수동태 공식에 맞게 고친 것이 아닙니다. 그냥 **공 입장에서 문장을 나열한 것**입니다. 자세히 들여다보면, 공 입장에서는 능동적으로 행동한 것이 아니고, 가만히 있는 **상태**이므로 다음처럼 표현합니다.

A ball is.

[순역] 공은 이런 상태다.

그 다음, 공이 던져진 상태이므로, 수동의 의미인 'thrown'을 붙입니다.

A ball is + thrown.

[순역] 공은 이런 상태다,
　　　(상태는) + 던져진 상태다.

이때, 던져진 것은 누군가의 힘으로 던져진 것이므로 힘을 표시합니다.

A ball is thrown + by.

[순역] 공은 이런 상태다, (상태는) 던져진 상태다,
　　　(던져진 것은) + 힘에 의해서다.

그 다음 힘을 가한 주체가 누군지를 밝힙니다.

A ball is thrown by + him.

[순역] 공은 이런 상태다, (상태는) 던져진 상태다,
　　　(던져진 것은) 힘에 의해서다
　　　(힘은) + 그의 힘이다.

이 문장은 공 입장에서 자연스럽게 단어를 나열해 문장을 만든 것뿐입니다. 인위적인 공식을 이용해 능동태의 문장을 수동태로 바꾼 것이 아닙니다.

그러므로 위의 예문처럼, 수동태의 문장은 능동태 문장이 없다 하더라도, 얼마든지 만들 수 있고, 표현할 수 있는 것입니다. 그래야 말할 때에도 자연스럽게 사용할 수 있게 됩니다.

주어의 입장에서 능동의 활동을 했으면 능동의 동사로 표현하고, 주어의 입장에서 수동적으로 당했으면 수동태의 상태를 표현하고 연결해 나가는 것뿐입니다.

A stone was thrown to the window by the boy.
　　　　　　　　　　(목표)　　　　(힘)

"수동태는 주어의 입장에서 지극히 자연스런 문장이다!"

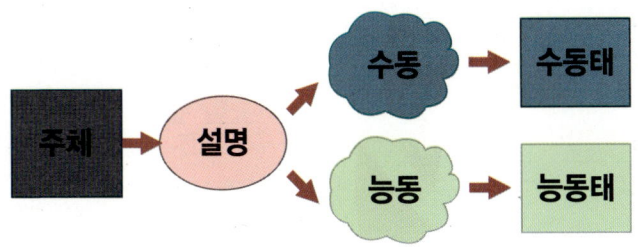

PART 13

문장구조

CHAPTER 01 5형식 풀이

CHAPTER 02 4번째 형식 이해하기

CHAPTER 03 5번째 형식 이해하기

CHAPTER 04 5형식 하지 마라!

CHAPTER 05 5형식의 문제점

CHAPTER 01　5형식 풀이

이제 문장구조에 대해 본격적으로 논의하기 전에, 여러분도 잘 아시는 5형식을 순역으로 설명하여, 정리해 보겠습니다. 문장을 이해하는 기본틀이 되므로, 꼼꼼히 잘 읽어 보시기 바랍니다.

1형식: 주어(S) + 동사(V)

He sleeps.

[의역] 그는 잔다.

[순역] 그는 잔다.

2형식: 주어(S) + BE동사(V) + 보어(C)

They are kind

[의역] 그들은 친절하다.

[순역] 그들은 이런 상태다. (상태는) 친절한 상태다.

He is a doctor.

[의역] 그는 의사다.

[순역] 그는 이런 상태다. (상태는) 의사인 상태다.

3형식: 주어(S) + 동사(V) + 목적어(O)

He eats bread.

[의역] 그는 빵을 먹는다.

[순역] 그는 먹는다. (먹는 것이) 빵이다.

4형식: 주어(S) + 동사(V) + 간접목적어(IO) +직접목적어 (DO)

He gave her a ball.

[의역] 그는 그녀에게 공을 주었다.

[순역] 그는 주었다. (그가 준 사람은) 그녀다. (그가 준 것은) 공이다.

She cooked a kid dinner.

[의역] 그녀는 아이에게 저녁을 요리해 주었다.

[순역] 그녀는 요리해 주었다. (그녀가 요리해 준 사람은) 아이다. (그녀가 요리해서 준 것은) 저녁이다.

5형식: 주어(S) + 동사(V) + 목적어(O) + 목적보어(OC)

They keep the room clean.

[의역] 그들은 방을 깨끗하게 유지한다.

[순역] 그들은 유지한다. (유지한 것은) 방이다. (방은) 깨끗하다.

They elected the man chairman.

[의역] 그들은 그 남자를 의장으로 선출했다.

[순역] 그들은 선출했다. (선출한 사람은) 그 남자다.
       (그 남자는) 의장이다.

They want you to study English.

[의역] 그들은 네가 영어를 공부하기를 바란다.

[순역1] 그들은 원한다. (원하는 것은) 네가 행동하는 것이다.
        (행동은) 공부하는 것이다. (공부하는 것은) 영어다.

[순역2] 그들은 원한다. (원하는 것은) 네가 공부하는 것이다.
        (공부는) 영어다.

CHAPTER 02 4번째 형식 이해하기

TNT영어에서는 따로 5형식을 배울 필요가 없습니다. 그러나 기존의 문장 구조를 알고 계신 분들을 위해, 좀 더 이해하기 쉽고, 자연스런 방법을 알려 드립니다.

5형식에서 1, 2, 3형식은 대부분 크게 문제가 되지 않으므로 여기서는 4번째 형식과 5번째 형식에 대해 쉽게 이해할 수 있도록 정리해 보겠습니다.

[기존방식 4형식] 주어 + 동사 + 간접목적어 + 직접목적어

[TNT방식 4형식] 주어 + 동사('주다') + '사람' + '물건'

즉, *"주어가 (무언가) 주니, 사람이 물건을 가지게 된다."* 로 이해하시면 됩니다. 예문을 보겠습니다.

He gave me money.

그는 준다, 나, 돈 => 내가 돈을 가지게 된다.

He bought his son a toy.

그는 사줬다, 아들, 장난감 => 아들이 장난감을 가지게 된다.

She cooked children cookies.

그녀는 요리해 줬다, 아이들, 쿠키 => 아이들이 쿠키를 가진다.

"*give, send, make, cook, show, build…*" 이런 단어는 내부적으로 '주다' 라는 뉘앙스가 깔려 있습니다. 그러므로 위와 같이 "사람 + 물건" 순으로 쓰시면 되고, "사람이 물건을 가진다."라는 의미로 이해하시면 됩니다.

한가지 더 중요한 사실은 여러분이 모르는 동사가 위와 같은 구조로 되어 있어도, "사람에게 물건을 준다."로 이해하시면 대략적인 의미를 추측할 수 있습니다.

They serve homeless food.

여기서 'serve'를 몰라도 이해할 수 있습니다. 전체적인 뜻을 이해할 수 있습니다.

[순역] 그들이 ~준다, 홈리스들, 음식.

[의역] 그들은 홈리스들에게 음식을 제공한다.

위의 예처럼 사람이 물건을 가지게 되므로, TNT영어에서는 이 형식을 "HAVE의 관계"라고 정의합니다.

주어 + 주다 + 사람 + 물건

(HAVE관계)

여러분, 4형식의 형태를 외워서 사용하려 하지 마시고, 누군가에게 뭔가를 주고자 하는 경우, 위에서처럼

주어 쓰고, 동사 쓰고, 받는 사람 쓰고, 물건 쓰시면 끝!

'주다'라는 뉘앙스를 가진 동사를 쓰는 시점에서, 사람에게 물건을 준다는 느낌으로 단어를 나열하여 표현해야지, 형태를 외워서 맞추어 쓰거나, 말하려고 하면 영원히 쓰거나, 말하는 것이 안 됩니다. 이렇게 하지 않으면 아래와 같은 문장을 이해하는 것이 참 어려울 수 있습니다.

아래 문장을 써 있는 순서대로 이해해 보세요.

They tip a waiter a dollar.

Mom reads me a book.

She played the students Mozart.

He struck the man a blow.

I wish you a merry Christmas!

CHAPTER 03   5번째 형식 이해하기

이번에는 5번째 형식을 쉽게 이해할 수 있도록 정리해 보겠습니다.

    [기존방식 5형식] 주어 + 동사 + 목적어 + 목적보어

    [TNT방식 5형식] 주어 + 동사 + '사람' + '상태/행동'

즉, 5형식에서 5번째 형식은 목적어 자리에 있는 사람의 상태나 행동을 뒤에 나열하면 됩니다.

이런 형태로 사용되는 동사는 아래와 같은 것들입니다.

    Make, keep, find, leave, call, name, elect, hold…

'사람'과 뒤의 '상태/행동' 사이에 'IS'가 있는 것같이 이해하면 되므로, TNT 영어에서는 이 문장 형식을 'IS관계'라고 정의합니다.

    주어 + 동사 + 사람 + 상태/행동

    (IS관계)

He called her a fool.

=> *He called her (IS) a fool.*

[의역] 그는 그녀를 바보라고 불렀다.

[순역] 그는 불렀다, 그녀는 (IS) 바보(다).

이렇게 'her'와 "a fool" 사이에 'IS'가 있는 것으로 이해합시다.

Julia made me happy.

=> *Julia made me (IS) happy.*

[의역] Julia는 나를 행복하게 만들었다.

[순역] Julia는 만들었다, 나는 (IS) 행복하다.

We elected Tony chairman.

=> *We elected Tony (IS) chairman.*

[의역] 우리는 Tony를 의장으로 뽑았다.

[순역] 우리는 뽑았다, Tony는 의장이다.

He keeps my room warm.

=⟩ He keeps my room (**IS**) warm.

[의역] 그는 나의 방을 따뜻하게 유지한다.

[순역] 그는 유지한다. 나의 방은 따뜻하다.

I saw him sleeping.

=⟩ I saw him (**IS**) sleeping.

[의역] 나는 그가 자는 것을 봤다.

[순역] 나는 봤다. (본 것은) 그다. (그는) 자고 있었다.

이렇듯 5형식의 **목적어 + 목적보어의 관계**를 **IS관계**로 이해하면 매우 쉬울 뿐만이 아니라, 의미도 명확해집니다. 또한 'IS' 대신에 'am', 'are' 혹은 'be' 등으로 이해하셔도 됩니다.

그리고 'IS'의 관계에서 '사람'이라고 표현한 것은 편의상 그런 것이지, 반드시 '사람'이 와야 한다는 것이 아닙니다. 사람 대신 동물 혹은 물건이 올 수도 있습니다.

다시 정리해 보면 아래와 같습니다.

4형식(HAVE관계) – 주어 + 주다 + 사람 + (HAVE) + 물건

5형식(IS관계) – 주어 + 동사 + 사람 + (IS) + 상태/행동

이렇게 'HAVE관계' 'IS'관계로 알고 있으면, 몇 형식인지 따지지 않아도 자연스럽게 이해가 되고, 문장의 중간에 4, 5형식이 마구 섞여 있어도, 문맥의 파악이 자연스럽게 됩니다.

동사들을 모두 형식에 맞추어 외우시렵니까? 단지 문장을 보고, '**HAVE관계**', 혹은 '**IS관계**'로 이해하시면 됩니다.

지금까지 4형식과 5형식에 대해 설명을 드렸지만, 우리가 알아야 할 더 중요한 사실은 "**대부분 동사들은 여러 가지 형식으로 사용될 수 있다.**"는 것입니다. 반드시 특정 형식으로 사용해야 하는 동사들이 있기는 하지만, 대부분의 동사들은 여러 형식으로 다양하게 표현되므로, 특정 형식에 얽매여 이해하면 안 됩니다.

심지어 '**make**' 같은 동사는 "**1, 2, 3, 4, 5형식**" 모두에서 사용할 수 있습니다.

〈make가 사용되는 형식〉

1형식: She made toward the town. (= went)

2형식: She made a doctor. (= became)

3형식: She made a cake.

4형식: She made me a cake. (= HAVE관계)

5형식: She made me happy. (= IS관계)

CHAPTER 04 5형식 하지 마라!

가끔 영어를 가르치는 분들 중에 5형식에 중독된 듯한 사람이 있습니다. 영어의 모든 문장은 5형식이고, 5형식만 알면 모든 것이 해결된다는 식의 주장을 서슴지 않고 합니다.

그래서 모든 문장을 5형식이라는 틀 안에서 분석하려고 하지만, 보통의 경우 몇 형식인지 이해 자체가 안 되는 경우도 얼마든지 있습니다.

영어문장은 앞단어를 뒷단어가 자연스럽게 설명하는 구조로 이해해야지, 몇 형식인지를 따져서 무얼 하겠습니까? 다음 문장들은 몇 형식인가요?

He made a doctor.

[의역] 그는 의사를 만들었다. (???)

[순역] 그는 노력하여 되었다. (된 것은) 의사다.

A mouse nibbled a hole.

[의역] 쥐가 구멍을 갉아먹었다. (???)

[순역] 쥐가 갉아먹었다. (갉아먹어) 구멍이 났다.

무작정 3형식으로 생각해서, 목적어를 "~을, ~를"로 해석하면 위와 같은 문제가 발생합니다.

그럼, 다음은 몇 형식일까요?

She was hit red.

[의역] 그녀는 빨갛게(???) 맞았다.

[순역] 그녀는 맞았다. (맞아서) 빨간 상태다.

The baby slept warm.

[의역] 그 아기는 따뜻하게(???) 잤다.

[순역] 그 아기는 잠을 잤다. (자서) 따뜻한 상태다.

The egg cracked open.

[의역] 그 계란은 열리게(???) 깨졌다

[순역] 그 계란은 깨졌다. (깨져서) 열린 상태다.

위의 문장들을 읽어 보면 분명 의미를 알 수 있습니다. 그리고 옳은 문장이기도 합니다. 그러나 몇 형식인지 결정할 수가 없습니다.

We hired the man, our helper to guide the tourists to shop at Dongdeamun Market popular to foreigners. [3형식]

The song heard on the radio was nice. [2형식]

The horse racing past the barn fell. [1형식]

위 문장들은 몇 형식인지를 안다고 하더라도 전체적인 문장의 의미를 파악하는 데는 별 도움이 되지 않습니다. 제대로 영어를 공부한 사람이라면, 몇 형식인지 몰라도, 그 의미를 충분히 이해하고, 또 위와 같은 문장을 쓰거나, 말할 수 있습니다.

우리가 쓰는 한글이 몇 형식인지 몰라도, 잘 읽고, 잘 쓰는 것처럼, 영어도 마찬가지입니다.

영어문장의 옳고, 그름을 판단하는 기준은 5형식에 맞느냐, 맞지 않느냐가 아니고, 좌에서 우로 흘러가면서, 앞의 말을 뒤에서 자연스럽게 설명하느냐, 그렇지 않느냐입니다.

"5형식 몰라도 영어 잘할 수 있다."

CHAPTER 05 5형식의 문제점

- 5형식은 문장을 분석하는 용도이지, 문장의 의미를 이해하는 용도가 아니다. (5형식으로 분석되기 이전에도 잘 읽고, 잘 썼다.)

- 5형식을 잘 알아도 문장을 이해하는 데, 크게 도움이 되지 않는다.

- 문장에서 기본 골격 외에 나머지 부분을 무시하는 경향이 크다.

- 영어를 읽고, 쓰고, 듣고, 말하는 데는 별 도움을 주지 못한다. (몰라도 원어민은 영어 잘한다.)

- 문장이 생략되거나, 도치되거나, 혹은 시적인 표현의 문장은 분석하기가 매우 어렵다.

- 5형식 범주에 들어 있지 않은 문장도 많다.

"On fire!"

PART 14

How to fly in English

CHAPTER 01 두 개의 날개

CHAPTER 02 5형식, 연결어로 해결하자!

CHAPTER 03 무한 확장 연결어

CHAPTER 01　두 개의 날개

지금까지 여러분은 영어의 두 날개에 대해 이해를 해 왔습니다. 다시 정리하면 이 두 날개는 다음과 같습니다.

첫 번째 날개 – 순독순해
두 번째 날개 – 10 Magic Words

이 두 가지의 날개를 달지 않으면,

영어를 아무리 열심히 해도 실력이 늘지 않고, 잘하는 것처럼 보여도, 마음 속이 항상 답답하고, 잊어버린다는 불안감을 지울 수 없습니다.

반대로 이 두 날개를 가지게 되면,

단어를 많이 몰라도, 발음이 좋지 않아도, 유창하게 말하지 못해도, 언제나 자신감이 생기고, 영어가 편안해지면서, 자꾸 읽고, 쓰고, 듣고, 말하기를 하고 싶어집니다.

이 두 날개에 대한 이해가 충분히 된 상태라면, 이제 본격적인 훈련이 필요한 시기입니다. 훈련을 통해 완전히 여러분 것으로 만들고 나면,

바로 그 순간부터, 영어가 편안해지게 됩니다.

"날개를 달면 영어의 한이 풀린다!"

순독순해　10MW

CHAPTER 02　5형식, 연결어로 해결하자!

앞서 5형식에 대해 언급했는데, 사실 학자마다 영어문장의 종류는 다양합니다. 어떤 학자는 9형식, 어떤 학자는 13형식, 심지어 어떤 학자는 18형식을 주장하는 사람도 있습니다.

TNT영어에서는 영어문장이 몇 가지 형식으로 구성되는지 중요하지 않습니다.

TNT영어에서는 거의 모든 영어 문장을 다음 세 개의 **연결어**(Connecting Words)로 설명할 수 있습니다.

연결어 = 형용사, 명사, 10MW

이 세 단어를 자유롭게 연결하면 그 어떤 문장도 쉽게 이해하고, 연결하고 확장하여 수준 높은 문장을 만들 수 있습니다. 읽기뿐만이 아니고, 쓰기와 말하기에도 동일한 원칙이 적용되므로, 몇 형식인지 고민하지 않아도, 생각을 자연스럽게 확장하여 쓰고, 말할 수 있습니다.

10MW가 기초의미, 기본의미, 고급의미를 가지고 있는 것처럼, **연결어**도 수준에 따라, **기초연결어**, **기본연결어**, **고급연결어**가 있습니다. 이 책에서는 그중에 가장 기본이 되는 기초연결어 세 가지(형용사, 명사, 10MW)에 대해서만 설명드립니다.

CHAPTER 03 무한 확장 연결어

이제 5형식 문장들을 **기초연결어** 3가지(**형용사, 명사, 10MW**)로 이해해 보겠습니다.

He sleeps.	=> S+V
He sleeps on the bed.	=> S+V+10MW
He is kind.	=> S+V+형용사
He is kind to me.	=> S+V+형용사+10MW
He is a doctor.	=> S+V+명사
He is a doctor at the hospital.	=> S+V+명사+10MW
He ate the bread on the table.	=> S+V+명사+10MW
He gave me a car.	=> S+V+명사+명사
He gave a car to me.	=> S+V+명사+10MW
He built a house for me.	=> S+V+명사+10MW
He found the book expensive.	=> S+V+명사+형용사
He found the man the thief.	=> S+V+명사+명사
He expected me to leave.	=> S+V+명사+10MW

위 예문들을 보면 대표적인 5형식 문장들입니다.

몇 형식인지 알 필요도 없습니다. 단지 5형식 문장들이 "주어 + 동사"를 쓴 이후에 동사의미에 따라, **연결어**(**C**onnecting **W**ord)인 "형용사, 명사, 10MW"로 설명해 나가면 되는 것입니다.

이런 식으로, 문장은 구조상 "주어+동사" 이후에 연결어(CW)로 연결하고, 다시 연결어로 연결하고를 반복하는 것입니다.

주어 + 동사 + CW + CW + CW······

다시 말해서 영어문장은 핵심부분과 이 핵심 부분을 설명해 주고, 확장해 주는 연결어로 구성되어 있습니다.

영어문장: 핵심부(주어+동사) + 확장부(연결어)

여러분이 영어문장을 쓰거나 말할 때, 핵심부를 잘 선정하고, 그 다음에 **연결어를 얼마나 잘 연결하느냐에 따라서, 영어의 수준이 결정되는 것입니다.**

아래 예문을 보시기 바랍니다.

생각: 나는 친구들과 강남에서 영화를 보았다.

핵심: **나는 보았다** + 연결어 + 연결어 + 연결어······

표현: **핵심** + 연결어 + 연결어 + 연결어······

일단 핵심이 "I saw"이므로, 핵심을 표현합니다.

I saw.

'saw'에 대한 대상이 필요하니, **명사**를 써서 연결해 줍니다.

I saw a movie.

다음, 함께 본 사람을 써야 하니, '함께'에 해당하는 **10MW** 'with'를 연결해 줍니다.

I saw a movie with.

'with'에 대한 설명을 해야 하므로, 함께한 사람을 **명사**로 연결합니다.

I saw a movie with my friends.

이후에 장소를 써야 하므로 "포인트의 장소"인 **10MW** 'at'을 써 연결해 줍니다.

I saw a movie with my friends at.

마지막으로 장소가 어디인지를 **명사**로 연결합니다.

I saw a movie with my friends at Gangnam.

다시 보면 다음과 같은 구조되었습니다.

핵심 + 명사 + 10MW + 명사 + 10MW + 명사

한 가지 예를 더 보겠습니다.

생각: 우리는 사람들에게 친절한 그 의사를 좋아한다.

핵심: 우리는 좋아한다 + 연결어 + 연결어……

표현: 핵심 + 연결어 + 연결어 + 연결어……

이 문장의 핵심 두 단어는 "우리는 좋아한다."입니다.

We like.

이제 누구를 좋아하는지 명사로 연결합니다.

We like the doctor.

의사가 친절하다는 것을 형용사로 연결합니다.

We like the doctor kind

'친절'은 사람들에게 베푸는 것이므로, 방향을 나타내는 10MW 'to'로 연결합니다.

We like the doctor kind to

친절이 목표로 하는 대상을 써야 하므로 명사를 써서 연결합니다.

We like the doctor kind to people.

핵심 + 명사 + 형용사 + 10MW + 명사

이제 한국사람이 영어를 못하는 이유를 설명드리겠습니다. 여러분이 앞에서 설명한 영어문장의 단어들을 몰라서, 영어가 안 되는 것이 아닙니다. 5형식을 몰라서 영어가 안 되는 것도 아닙니다. 문법을 몰라서는 더욱 아닙니다.

그럼 왜 영어가 안 될까요?

첫째는, 어순을 뒤집기 때문에, 머릿속이 너무 복잡합니다. 복잡한 머리 속의 내용을 다시 영어 어순으로 표현하려니, 말문이 먼저 막힙니다.

둘째는, 연결하는 힘이 없습니다. 자신이 생각하는 것을 순서대로 자연스럽게 연결하면 그것이 영어의 어순이 되는데, 그것을 인위적으로, 거꾸로 연결하려고 하니, 영어 표현이 되지 않습니다.

셋째는, 영어에 자신을 맞추도록 교육받지 못했습니다. 아무도 순서대로, 순리대로 영어를 이해하고, 영어에 적응할 수 있도록 가르쳐 준 사람들이 없습니다.

지금까지 설명 드린 TNT방법은 읽기/쓰기/듣기/말하기 전 범위에서 사용되는 방법입니다.

핵심부터 천천히 **설명하듯이** 한 단어씩 **읽으면서 이해하고**, 핵심부터 천천히 **설명하듯이** 한 단어씩 **연결하면서 쓰면 되고**, 핵심부터 천천히 한 단어씩 **연결하면서 말하면 됩니다.**

왜 그렇게 빨리 말하려고 하나요? 원어민이 빨리 말한다고 여러분도 빨리 말해야 하나요? 그들도 처음에는 띄엄띄엄, 천천히 말하다, 숙달이 되어 그렇게 빨리 말하게 된 것입니다. 그러니 빨리 말하기를 연습하지 말고, 천천히 말해도 알아들을 수 있게 말해야 합니다. 그러다 보면 자연스럽게 말할 수 있게 되고, 점점 속도가 붙어서 빨리 말할 수 있게 되는 것입니다.

열심히 따라 하는 **"앵무새 훈련"**이 여러분에게 필요한 것이 아니고, 단어를 연결하여, 문장을 만드는 방법을 우선 배우고, 그 다음에 훈련을 해야 하는 것입니다.

"앵무새가 아무리 열심히 말하기를 연습해도, 사람과 대화할 수는 없습니다."

여러분 생각을 영어로 표현하고자 한다면, 머릿속에 아무리 많은 정보가 있다고 하더라도 이것만 명심하십시오.

핵심 + 연결 + 연결 + 연결……

We hired *the man to guide the tourists to shop at Dongdaemun Market popular to foreigners.*

=> **핵심** + 연결어 + 연결어 + 연결어 + 연결어 + 연결어 + 연결어 + 연결어 + 연결어 + 연결어 + 연결어 + 연결어.

"꼬리에 꼬리를 무는 연결어!"

PART 15

두 단어 훈련

CHAPTER 01 생각하는 방법을 바꾸자!

CHAPTER 02 평서문 훈련

CHAPTER 03 의문문 훈련

CHAPTER 04 영어의 어순

CHAPTER 05 영어를 이해하는 방법

CHAPTER 06 영어를 표현하는 방법

CHAPTER 07 ROS with 연결어

CHAPTER 08 이제는, 수준 높이기

CHAPTER 09 반드시 정복해야 한다!

CHAPTER 01 생각하는 방법을 바꾸자!

본격적인 훈련에 들어가기 전에 여러분이 해야 할 것이 있습니다. 그것은 바로 여러분 머릿속의 생각하는 방식을 바꾸는 것입니다. 말하기와 쓰기는 거의 동일하므로, 여기서는 말하기를 기준으로 설명 드립니다.

첫 번째로 여러분이 해야 할 것은, 여러분이 성인이 아니고, 서너 살, 아이라고 생각하는 것입니다.

왜 그런가 하면, 여러분은 성인이기 때문에 수준 높은 한글의 구조가 이미 머리 속에 박혀 있습니다. 그러나 영어의 수준은 서너 살짜리도 안되기 때문에, **머릿속의 수준 높은 한글 문장을 낮은 수준의 영어로 표현할 수가 없는 것입니다.**

그러므로 일단 한글의 수준을 낮추어 줄 필요가 있습니다. 그래야 영어로 표현하기가 쉽고, 자연스러워지기 때문입니다.

어른 생각: 어제 친구와 피자를 먹었다.

아이 생각: 나는 먹었다. 피자, 친구, 어제

이렇게 여러분은 수준이 낮은 아이처럼 두 단어만 생각하고, 시작해야 합니다. 말하기도 전에 "어제 먹은 피자"를 영어로 어떻게 말하지를 머릿속으로 고민하지 말고, 일단 핵심만 표현하고, 그 다음에 연결할 것만 고민하면 됩니다.

이것이 바로 영어문장의 핵심을 잡는 훈련입니다. 여러분이 무언가 말하거나 쓰고자 한다면, 말하는 핵심을 먼저 정리합니다. 그리고 나서 확장합니다. 이때 본인의 생각이 아무리 복잡하더라도 핵심이 되는 두 단어로 정리해 보시기 바랍니다.

이것이 바로 **"두 단어 훈련"**입니다. 이 두 단어 훈련은 핵심을 생각하고, 표현하는 것으로 **CE**(Core Expression) 훈련이라고 합니다. ROS훈련과 더불어 영어식 사고를 구축하기 위해 상당히 중요한 훈련입니다.

이 '두 단어 훈련'이 이론상으로는 쉬워 보이지만, 한국사람들에게는 상당히 어려운 훈련입니다. 아무리 단순하게 핵심, 두 단어만을 생각하려 해도, 당황하면 이게 생각처럼 잘 안 됩니다. 특히 영어로 말해야 하는 경우에, 더 쉽지 않습니다. 그래서 자꾸 어순이 꼬이는 현상이 반복됩니다.

A: 주말에 뭐했어?

B: 친구와 종로에 있는 백화점에 선물 사러 갔다. *(X)*

B: 종로, 백화점에 친구와 선물 사러 갔다. *(X)*

B: 선물 사러, 종로에 친구와 갔다. *(X)*

B: ……………………………… *(X)*

B: "나는 갔다." *(O)*

누군가 갑자기 질문을 했을 때, 맨 아래 문장처럼 핵심 두 단어부터 얘기하는 것이 쉬운 거 같으세요? 쉬워 보이지만, 그렇게 쉽지 않습니다. 급한 마음에, 자신도 모르게 수준 높은 한글이 마구 튀어 나오기 때문입니다.

성인이 되어서 영어를 배우는 입장이라면, 이 두 언어 간의 수준 불일치 (Discordance between two levels) 상태가 발생하게 됩니다. 높은 수준의 생각을 표현하고자 해도, 낮은 수준의 영어로 이를 표현해야 하기 때문에 심각한 표현의 한계를 느끼고 어순의 충돌도 겪게 되는 것입니다. 그래서 보통 영어를 배우는 성인은 수준 높은 영어 표현이나 패턴을 암기해서 이를 극복하려고 합니다. 그러나 그것은 영어를 점점 더 어렵게 만드는 요인일 뿐입니다.

아이처럼 생각하면
수준 높은 패턴이나 표현을 배울 필요가 없습니다.

결론적으로, 영어를 배우는 사람은 낮은 영어 수준을 높은 영어 수준으로 올릴 수 없으므로, 높은 한글 수준을 낮은 한글 수준으로 내리는 훈련이 필요합니다. 이렇게 영어의 수준과 한글의 수준을 맞추는 수준 일치(Equalizing levels) 훈련은, 영어의 표현을 쉽게 할 뿐만이 아니라, 영어의 어순을 재대로 이해하는 데도 많은 도움을 줍니다.

"영어를 잘하고 싶으면, 아이처럼 생각해라!"

CHAPTER 02 평서문 훈련

항상 문장을 만들 때면, "**A는 B다**"만으로 시작합니다. 이것이 잘 안되면, 본인이 말 배우는 아이라고 생각하고, 말을 아주 단순하게 두 단어로 시작하면 됩니다. 이것이 핵심이고, 이것이 기본입니다. 다른 것들을 미리 생각하지 마십시오. 하고 싶은 말이 아무리 복잡할 지라도, 무조건 "A는 B다"로 시작하시기 바랍니다.

"A는 B다" + CW + CW + CW……

머리 속에 다음과 같은 상황이 생각난다고 가정해 봅시다.

상황: *부산에서 온 친구와 피자를 먹으려고, 피자헛에 갔다.*

핵심: *나는 갔다.*

위 문장처럼 머리 속에서 복잡한 한글 **문장**이 생각나든, 아니면 **상황**이 생각나든, **일단 여러분은 두 단어만을 끄집어냅니다.**

두 단어가 결정되면 설명을 시작합니다. 이 핵심 두 단어는 한글이든, 영어든 상관이 없습니다. 한글로 생각나면, 바로 영어로 바꾸시면 됩니다.

I went.

"I went"라고 말을 한 다음, 바로 이 순간 'went'에 연결되는 다음 단어를 생각합니다. (여러분 머리는 정말 빠릅니다. 아무리 나이를 먹었어도 슈퍼컴퓨터보다 빠릅니다.) 말을 시작하기 전부터 모든 것을 생각하고 시작하는 것이 아니고, 꼭, "I went"라고 말하고 다음을 생각해야 합니다.

그리고 간 장소로 가야 하니, 방향을 나타내는 'to'를 쓰고, 장소를 씁니다.

I went to Pizzahut.

그 다음 'Pizzahut'을 말하고, 다음을 생각합니다. 피자헛에 간 것은 어떤 행동을 하러 간 것이므로, 'to' 다음에 동사로 설명합니다.

I went to Pizzahut to eat.

'eat'까지 말하고, 먹는 대상을 써서 설명합니다.

I went to Pizzahut to eat a pizza.

그리고 또 생각합니다. 함께 먹은 사람을 써야 하니, 'with'로 표현하고, 사람을 연결해 줍니다.

I went to Pizzahut to eat a pizza with my friend.

이제 친구가 부산에서 출발하여 왔으니, 'from'으로 연결하고 출발지를 설명해 줍니다.

I went to Pizzahut to eat a pizza with my friend from Busan.

이렇게 하면 여러분은 머릿속의 복잡한 한글 생각에 대한 어순을 고민하지 않고, 하나씩 풀어 가면서 말하거나, 쓸 수 있습니다. 또한 위와 같은 문장을 읽을 때도, 순독순해를 이용해서, 하나씩 풀어 가면서 읽으시면 됩니다.

결정적으로 이 방법이 좋은 이유는, 기존에 생각하던 방식에서 벗어나, 아무리 복잡한 문장도 아래와 같이 차례대로 머릿속에 정리가 됩니다.

나는 갔다 => 피자헛 => 먹다 => 피자 => 친구 => 부산

"핵심 + 연결 + 연결 + 연결 + ..."

CHAPTER 03　의문문 훈련

의문문도 평서문을 표현하는 방식과 별반 다르지 않습니다. 여러분이 상대에게 물어보고 싶은 핵심, 두 단어만을 생각합니다.

Did you swim in the river by the town with your family?

생각: 너는 가족과 함께 마을 옆에 있는 강에서 수영을 했어?

핵심: 너는 했어? or 너는 수영했어?

이렇게 핵심 두 단어 혹은 세 단어가 정해지면 이것을 표현합니다.

Did you? 혹은 Did you swim?

의문문의 경우에는 언어구사 능력에 따라, 위와 같이 두 단어를 표현하거나, 혹은 세 단어를 한꺼번에 표현할 수도 있습니다.

그 다음 '가족'이 먼저 생각나면, 'with'로 가족을 연결하고, '강'이 생각나면, 'in'으로 강을 연결합니다. 생각나는 순서대로 연결하면 됩니다. 여기서는 가족부터 연결해 보겠습니다.

Did you swim with your family?

이제 강을 'in'으로 연결해 갑니다.

Did you swim with your family in the river?

다음은 강이 마을의 옆에 있으므로 'by'로 마을을 연결합니다.

Did you swim with your family in the river by town?

여기서 **가장 중요한 핵심 사항은, 처음부터 모든 것을 생각하고 정리하여 표현하지 않는다는 것입니다.** 항상 핵심을 표현하고 부연설명을 붙여 나가는 것입니다. 수준이 높아짐에 따라서, 부연 설명하는 것을 여러 개의 단어로 한꺼번에 표현할 수도 있지만, 처음에는 반드시 하나씩, 생각하고 붙이는 연습을 해야 합니다.

핵심 + 10MW + 명사, + 10MW + 명사, + 10MW + 명사

위와 같이 의문문의 영어의 앞부분 핵심을 잡는 것을 제외하고는, 평서문과 의문문의 확장은 아무런 차이가 없습니다. 핵심을 표현하고 계속해서 연결로 이어나가면서, 자신의 생각을 표현하시면 됩니다.

의문문: 핵심 두 단어 + 연결 + 연결로 질문

평서문: 핵심 두 단어 + 연결 + 연결로 대답

머리 속에서 생각나는 것을 모두 정리한 다음 표현하는 것이 아니고, 핵심을 표현하고 정해진 순서 없이, 생각나는 대로, 확장해 나가는 힘이 있어야 합니다.

"연결을 잘하는 자, 진정한 영어 고수!!!"

CHAPTER 04 영어의 어순

핵심 + 연결 + 연결 + 연결…..

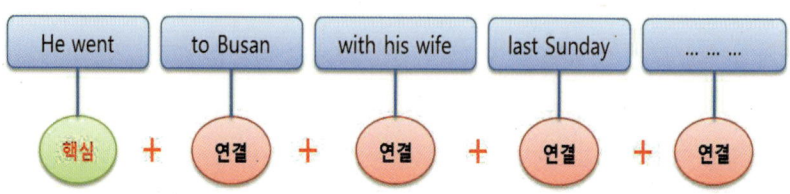

〈 영어의 어순 〉

영어의 어순은 핵심을 표현하고,

추가 정보를 덧붙여 연결 + 연결 + 연결을 반복하는 구조입니다.

평서문, 의문문 상관없이

읽기/쓰기/듣기/말하기가 **모두 한 가지 방식**입니다.

CHAPTER 05 영어를 이해하는 방법

핵심 + 연결 + 연결 + 연결……

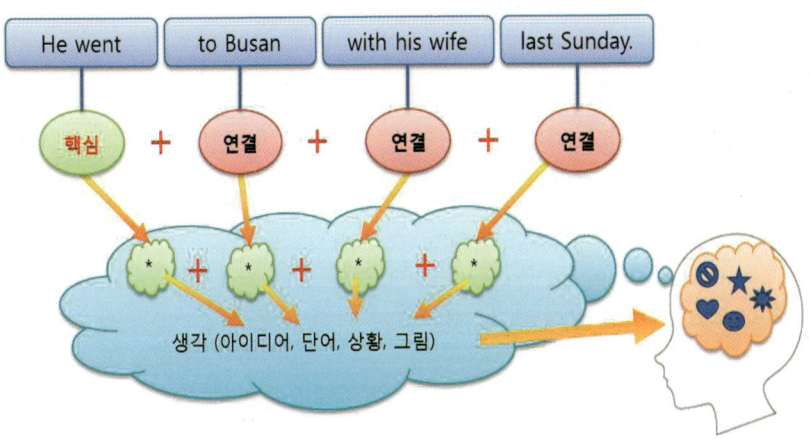

〈영어를 소리와 문자로 이해하는 방식〉

영어를 이해하는 것 또한 동일한 방식입니다.

소리로 이해하든, 문자로 이해하든

이해 방식은 동일합니다.

핵심 + 연결의 구조로 된 소리나 문장을

순차적으로 받아들이면서 이해하면 됩니다.

CHAPTER 06 영어를 표현하는 방법

핵심 + 연결 + 연결 + 연결……

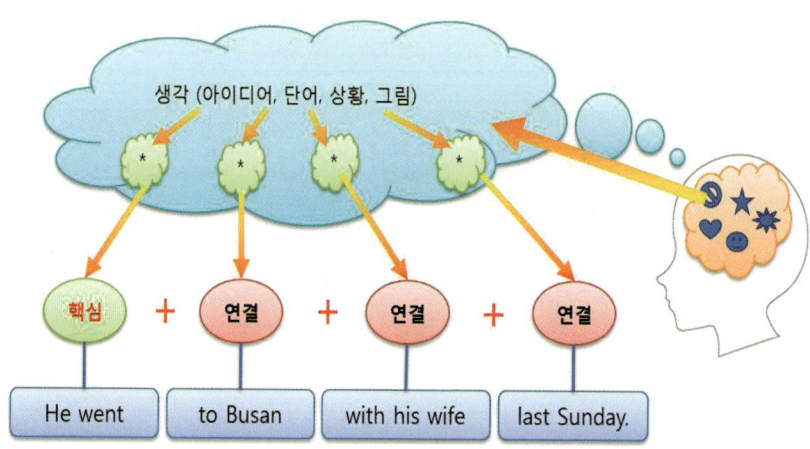

〈생각을 말과 글로 표현하는 방식〉

기본적으로 말로 표현하든, 글로 표현하든

표현 방식은 동일합니다.

말은 소리로 표현하는 것이고,

글은 문자로 표현할 뿐입니다.

핵심을 표현하고 연결하여 설명할 뿐입니다.

CHAPTER 07 ROS with 연결어

10MW 파트에서 했던 **"Run On Sentence"** 연습으로 쓰기/말하기를 훈련해 봅시다. 이제는 앞에서 배운 연결어(10MW, 형용사, 명사)를 이용해서 훈련을 합니다.

먼저 아주 간단한 문장, 하나를 정합니다. 그리고 나서 연결어를 이용해 마구마구, 계속해서 연결해 나갑니다.

다시 강조 하지만, **ROS를 훈련할 때, 문법적인 오류나, 의미상 오류가 있다 하더라도 크게 개의치 말고 훈련해야 합니다.**

I love + the man, + a doctor + kind + to his patients + at the hospital, + Sungmo, + to help + many children + in the war + of Africa + dependent + on other countries + to send + big money + for the poor people + in big troubles + of food + to share + with their families ....

쓰기가 어느 정도 되면, 이제는 **'옹알이'**를 연습해 봅니다. 즉, **말하기로 ROS를 연습**해 보자는 뜻입니다.

이것은 마치 아이가 처음 말을 배울 때, 문법적인 오류나, 의미상 오류가 있다 하더라도 '옹알이'를 열심히 하는 것처럼, 여러분도 영어로 '옹알이'를 훈련한다고 생각하시기 바랍니다. **비록 부정확하더라도 말하는 연습을 많이 해야, 정확한 말을 할 수 있는 것은 당연합니다.** 그리고 이때 발생하는 오류는 점차 줄어들고, 교정될 것입니다.

이 단계에서는 **생각을 자연스럽게 연결하여 표현하는 힘을 기르는 훈련이**
지, 정확하게 표현하는 것을 훈련하는 것이 아닙니다. 문장이 좀 부자연스럽
더라도 개의치 마시기 바랍니다.

장난같아 보이지만, 이런 문장도 만들지 못하면서 정확하고, 정교한 문장을
만들 수는 없습니다. 그동안 **우리는 너무 정확한 말만 하려고 노력했습니다.**
열심히 외우고, 반복하면서, 조금도 틀리지 않으려고 노력했습니다. 그렇게
늘 정확한 말을 해야 한다는, 강박 속에서 공부를 했지만, 그러면 그럴수록,
스트레스만 쌓일 뿐, 자연스럽고, 편안하게 영어를 표현하는 기술을 터득하
기는 쉽지 않았습니다.

특히 회화를 배울 때, 정확한 문장만 하려고 했지,
이런 **ROS** 훈련이 없었기에,
말하기가 자연스럽지 않고, 다양한 연결을 할 수 없었던 것입니다.

이 ROS 훈련은 기존의 영어말하기 훈련과는 다른 차원의 방법입니다. 부정
확한 부분이 있다 하더라도, 생각을 영어의 어순에 맞게 표현하는 훈련이므
로, 이 훈련을 많이 하면 할수록, **영어식 사고가 구축이 되고, 표현이 영어
식으로 바뀌어,** 점점 영어가 편안해집니다. 자신감이 생깁니다. 두렵지 않게
됩니다.

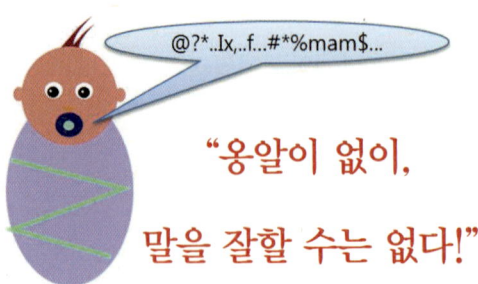

CHAPTER 08 이제는, 수준 높이기

영어떼기 과정이 끝난 이후에, 좀 더 유창한 영어를 위해 수준을 높이려면 무엇을 해야 하는가?

읽기: 천천히 순독순해로 쉬운 책부터, 가능하면 많이 읽는다. 책 한 권이 순독순해로 이해가 되는 경우, 눈으로 읽기를 해 본다. 눈으로 읽을 때는 **해석하지 않고**, 상황을 생각하며 읽는다.

쓰기: 하루에 한 페이지씩 **ROS**문장을 써본다. 틀리거나 모르는 단어는 문제 삼지 않는다. 무조건 한 페이지를 가득 채울 때까지 쓴다.

듣기: 아주 쉬운 동화책이나, 영화, 팝송을 이용해 듣기를 한다. 이때, 먼저 영어 스크립트를 공부하고, 듣기를 해야 한다. 소리를 하나하나 들으려고 노력하지 말고, 가능하면 덩어리로 듣는다. 들으면서 **해석하려 하지 말고**, 머리를 끄덕이면서 상황을 생각하며 듣는다.

말하기: 가능하면 상황을 기반으로 하는 말하기 훈련을 한다. 혼자서 하는 경우도, 상황을 생각하면서 물어보고, 상황을 생각하면서 말하기를 연습해야 한다. 하루에 10분 정도 말하기로 **ROS연습**을 한다.

> "하루 10분, 한 달, ROS연습,
> 엄청난 변화가 생길 것입니다!"

CHAPTER 09 반드시 정복해야 한다!

영어의 **이해**

어순의 **극복**

생각하는 방법

표현하는 방법

영어를 정복하고자

춤추고, 노래하고, 따라 반복한다고

영어를 정복할 수 있는 것이 아닙니다.

남녀노소 누구라도,

위의 네 가지를 정복하면,

영어는 자연스럽게 정복되는 것입니다.

PART 16

마무리

CHAPTER 01 **반드시 된다!**

CHAPTER 02 **TNT영어 핵심 정리**

CHAPTER 03 **TNT영어는?**

CHAPTER 01 반드시 된다!

지금까지 이 책은 TNT영어 방법론 중에서, 가장 기초가 되는 **"영어떼기 과정"**에 대해 설명 드렸습니다.

세상에는 영어를 잘하고자 하는 사람은 많습니다. 그러나 그런 사람들에게 오직 자신이 성공한 방법을 일반화, 보편화시켜, 모두가 되는 것처럼 과장하여 선전하고, 유혹하는 수많은 영어공부법들이 우리 주위에는 넘쳐나고 있습니다. 그런 책들 속에서, 그동안 우리가 잘못 알고 신봉했던 많은 오류들을 뒤로하고, 이제는 영어를 제대로 바라보고, 이해하고, 공부해야 할 때입니다.

감히 말하건대, **영어떼기 과정 없이, 영어를 잘하게 될 확률은 1%도 안 됩니다.** 그동안 우리는 이 과정을 너무도 소홀히 하였고, 무시하였습니다. 지금의 현실이 그것을 증명하고 있습니다.

기존의 방법론들이 제시하던, 금방 될 것 같은 그런 사탕발림은 이 책에는 없습니다. 지금까지 내용을 잘 이해하셨다면, 여러분은 영어에 대한 이해의 폭이 많이 확장되고, 달라지셨을 겁니다. 그러므로 이제 영어떼기를 훈련해야 할 때입니다.

이 책에 쓰고 싶은 내용을 모두 담지는 못했지만,

"누구나! 되는 영어 TNT - 소개편", 하나만으로도, 영어에 대한 새로운 안목이 생겼을 것으로 확신합니다.

방법을 알았으니, 이제 노력하셔야 합니다. 게을리하시면 천천히 늘 것이고, 열심히 하면 분명 눈에 띄게 실력이 늘어 여러분 마음속에 있는

울렁증과 **한**이 사라지게 될 것입니다.

"천천히 될지언정, 누구나 된다."

"Anybody can do!"

CHAPTER 02 TNT영어 핵심정리

모든 문장은 순독순해로 반드시 좌에서 우로 이해한다.

순독순해 = 절대문장 + 연결어

모든 문장은 절대문장으로 이해한다.

문장은 절대문장("A는 B다") 여러 개로 이해한다.

단어는 다양한 품사로 바꾸어서 이해한다.

명사를 동사로, 동사를 명사로,

형용사를 명사나 동사로, 전치사를 명사로 이해한다.

수준에 맞추어 순독순해를 한다.

1단계 – 모든 단어를 해석한다.

2단계 – 단어를 묶어서 해석한다.

3단계 – 과감한 생략으로 이해한다.

4단계 – 눈으로 해석한다.

핵심부터 표현하여 쓰기, 말하기를 훈련한다.

핵심 + 연결어의 반복으로 문장을 확장하는 훈련을 한다.

CHAPTER 03 TNT영어는?

"원숭이 엉덩이" 노래처럼

문장을 자유롭게 연결, 확장할 수 있고,

쉽게 이해하고, 표현할 수 있는

"누구나! 되는 영어!"

PART 17

에필로그

CHAPTER 01 다시, 읽어 봅시다

CHAPTER 02 자유를 원하세요?

CHAPTER 01 다시, 읽어 봅시다

순독순해로

앞에서부터 천천히 설명해 가면서 이해해 봅시다.

I went **to** Busan **with** my wife **at** 7 **in** the morning **by** plane
　　　　(목표)　　(함께)　　　　(시간) (안)　　　　(힘)
for some **of** the best movies **from** Japan **at** a festival
(목적)　(관계)　　　　　　　　(출발)　　(장소)
on the beach **of** Haeundae.
(표면)　　　　(관계)

직독직해로 이 문장 이해될까요?

이 문장이 몇 형식인가요?

"그거 알아서 뭐하게!!!"

CHAPTER 02 자유를 원하세요?

당신은 날개가 필요합니다!